JESÚS

¿POR QUÉ EL MUNDO SIGUE FASCINADO CON ÉL?

TIM LAHAYE

CON DAVID MINASIAN

GRUPO NELSON
Una división de Thomas Nelson Publishers
Desde 1798

NASHVILLE   DALLAS   MÉXICO DF.   RÍO DE JANEIRO

© 2010 por Grupo Nelson®
Publicado en Nashville, Tennessee, Estados Unidos de América.
Grupo Nelson, Inc. es una subsidiaria que pertenece
completamente a Thomas Nelson, Inc.
Grupo Nelson es una marca registrada de Thomas Nelson, Inc.
www.gruponelson.com

Título en inglés: Jesus
© 2009 por Tim LaHaye
Publicado por David C. Cook
4050 Lee Vance View, Colorado Springs, CO 80918
Publicado en asociación con las agencias literarias de WordServe Literary Group, Ltd.,
10152 S. Knoll Circle, Highlands Ranch, CO 80130
Estados Unidos de América

Traducción: *Eduardo Jibaja*
Adaptación del diseño al español: *www.Blomerus.org*

ISBN: 978-1-60255-372-9

Impreso en Estados Unidos de América

10 11 12 13 14 HCI 9 8 7 6 5 4 3 2 1

Para todos los sinceros buscadores de la verdad que están tratando de encontrar razones con sentido común para creer en Jesucristo.

Para todos los que ya creen que Jesús es el Hijo de Dios.

Y para todos los que se preguntan por qué, después de dos mil años, el mundo sigue fascinado con Él.

Contenido

Capítulo uno

¿POR QUÉ JESÚS?

Para apelar a un cliché muy gastado, la verdad es realmente más rara que la ficción. Jamás ni en un millón de años un novelista o dramaturgo hubiera intentado crear una historia como esa... la historia de un joven carpintero de un pueblo poco conocido que llegaría a ser la persona más influyente de toda la historia... la historia de un hombre que continuaría impactando al mundo dos mil años después de su ejecución... la historia de un hombre que podía sanar milagrosamente a los enfermos, pronosticar el futuro, ¡y hasta resucitar de entre los muertos! Nadie creería una historia así... ¿verdad?

Bueno...

Se ha estimado que hay en la actualidad entre setenta y cien millones de personas tan solo en los Estados Unidos que realmente creen esa historia, y como dos mil millones más alrededor del mundo.[1] No solo la mayoría de esas personas están convencidas de la veracidad del relato, sino que han llegado al punto de hacer que su destino eterno dependa de ello.

Influencia por todas partes

Durante un descanso en nuestra entrevista televisiva en *Larry King Live*, en marzo de 2006, Larry nos sorprendió —a Jerry Jenkins y a mí— con esta declaración: «No soy creyente, pero tengo el más sumo respeto por Jesucristo. Creo que era la persona más influyente que jamás vivió».

¿Por qué haría Larry una declaración como esa?

Porque es verdad.

De un estimado de más de trece mil millones de personas que han vivido en la tierra desde el inicio de los registros de la historia, ¿por qué el que se llamó Jesucristo atrajo tanta atención, más —indudablemente— que ninguna otra persona? El mundo siempre ha estado, está ahora y estará para siempre fascinado con Jesús. Pero, ¿por qué?

Antes de tratar de contestar esa pregunta, consideremos los hechos: Él ha sido la fuente de inspiración de más literatura, más música y más obras de arte que ninguna otra persona en la historia. Millones de iglesias por todo el mundo han sido construidas en su honor. Nuestro calendario ha sido establecido de acuerdo a su nacimiento. Los dos feriados más grandes que se celebran a nivel mundial cada año, Navidad y Semana Santa, conmemoran su nacimiento y resurrección. Casi todos los que han nacido en este planeta durante los últimos dos mil años han oído de Él. ¿Hay alguna otra persona que venga a la mente de la que se pueda decir lo mismo?

Asombrosamente, su influencia en el mundo no ha disminuido con el transcurso de los siglos. A pesar de los cambios culturales que siempre están evolucionando y sin tomar en cuenta los informes de los medios de comunicación que aluden lo contrario, Jesús sigue siendo tan relevante para esta generación como lo fue cuando caminó por las orillas del mar de Galilea. A través de los siglos, la gente inspirada por sus enseñanzas ha tomado la iniciativa de construir la mayoría de los hospitales del mundo, instigar la formación de la mayoría de nuestras universidades y escuelas de formación profesional, y dar inicio a innumerables programas humanitarios en casi todas las partes del globo.

Aun aquellos que descartan el lado milagroso del personaje de Jesús, de todas formas encuentran que sus enseñanzas son perspicaces y llenas de sabiduría. Tanto los secularistas como los seguidores de otras religiones parecen inclinarse, al menos, a estimarlo como un gran maestro o sabio. Sin embargo, simplemente tener un abundante nivel de sabiduría intelectual realmente no comienza a explicar la cantidad de adoración que Jesús ha recibido durante los últimos dos mil años. ¿Ha habido otros grandes pensadores y filósofos a través de los siglos que sean igual de dignos? Confucio, Descartes, Hume, Kant, Kierkegaard, Marx, Nietzsche, Rousseau, Russell y Sastre son nombres conocidos para aquellos que han estudiado el tema de la filosofía. ¿Se ha elevado el nivel de devoción hacia cualquiera de estos hombres a siquiera una fracción del que se le ha dado a Jesús?

Luego tenemos a los «tres grandes» de los antiguos filósofos griegos —Sócrates, Platón y Aristóteles—, quienes en conjunto se les considera haber formado el fundamento filosófico de la cultura occidental.[2] Y, sin embargo, a pesar de haber estado expuesto al público *solamente tres años y medio*, Jesús y sus enseñanzas quizá han impactado al mundo mucho más que la erudición colectiva de estos tres grandes filósofos cuyas carreras suman en total *más de ciento cincuenta años*.

No obstante, hay otros que consideran que los atributos de Jesús se extienden mucho más allá de la simple sabiduría. Muchos creen que es un profeta, un Mesías, incluso Dios en forma humana. Y son estas declaraciones las que han motivado a que algunos se esfuercen en extremo para reducir su influencia en el mundo. A través de los siglos incalculables millones de mártires cristianos han estado sujetos a horribles y agonizantes muertes por su lealtad a Jesús, comenzando con el apedreo del apóstol Esteban poco después de la crucifixión de Cristo [3] y continuando de ahí en adelante. En la Edad Media, los diversos tipos de tortura y aparatos para asesinar que se usaron con los cristianos llegaron a ser tan espeluznantes que casi no se les podía describir. Parece que no había escasez de maneras creativas en las que los mártires podían ser estirados, quemados, despellejados, serruchados, perforados, colgados, hervidos o ahogados.

La evidencia

A través de la historia innumerables escritores se han sentido obligados a publicar sus perspectivas personales acerca de los datos históricos que rodean a Jesús y sus enseñanzas. Las obras de los escritores del segundo siglo como Ireneo y Tertuliano, por ejemplo, apoyan las de los escritores neotestamentarios Mateo, Marcos, Lucas y Juan. Otros apologistas (defensores de la fe), desde Agustín hasta Francis Schaeffer continuaron en los siglos siguientes.

Por supuesto, también hubo numerosos detractores en los últimos dos milenios. Uno de esos autores fue Englishman H. G. Wells. Aunque eclipsado por sus famosas obras de ciencia ficción, que incluyeron *The War of the Worlds* [La guerra de los mundos], *The Time Machine* [La máquina del tiempo], y *The Invisible Man* [El hombre invisible], Wells también fue un escritor prolífico de obras de no ficción. Una de sus creaciones, titulada *The Outline of History* [El bosquejo de la historia], fue un volumen de mil doscientas páginas que analizó paso a paso la historia de nuestro planeta desde sus supuestos orígenes primordiales hasta la Primera Guerra Mundial.

Wells fue un socialista muy directo y apasionado promotor de la teoría de la evolución de Darwin. Y ciertamente no fue un fanático de Jesús de Nazaret. Por lo tanto debió haber sido un poquito sorprendente descubrir que al terminar su manuscrito, Wells había dedicado cuarenta y una asombrosas páginas a Jesucristo, lo que resultó ser una cantidad mucho mayor que la que había dedicado a cualquier otra persona histórica mencionada en la obra, incluyendo a su héroe personal, Platón, que recibió una simple mención de dos páginas por parte del escritor. [4]

Asimismo, la secular *Enciclopedia Británica* en una edición reciente le pareció apropiado dedicar más de veintiún mil palabras a Jesucristo, lo que resultó ser la entrada más grande de todas las biográficas, sobrepasando la del ex presidente Bill Clinton, que recolectó solo 2,511 palabras.[5]

Una obra más compasiva de Jesús puede encontrarse escrita por el celebrado autor estadounidense del siglo XIX, Mark Twain. En su publicación de 1869, *Los inocentes en el extranjero*, Twain contó acerca de sus viajes por la Tierra Santa y, en particular, la ciudad donde Jesús pasó su juventud:

> A la luz de las estrellas, Galilea no tiene límites sino el amplio compás de los cielos, y es un punto de reunión teatral para grandes eventos; reunión para el nacimiento de una religión capaz de salvar al mundo; y reunión para la Figura majestuosa designada para pararse en su escenario y proclamar sus sumos decretos.[6]

Aunque no tan conocida como algunas de sus otras obras —como *Las aventuras de Huckleberry Finn*—, *Los inocentes en el extranjero* se convirtió en el libro de mayor venta de Twain durante su vida. [7]

En tiempos más recientes tenemos el éxito sin precedentes (e inespe-
rado) de la serie de novelas *Dejados atrás,* escrita por mí y mi coescritor
Jerry Jenkins. Este relato llevado a la ficción de la escena de los *últimos
días,* como lo presenta el libro de Apocalipsis, ha tocado a los lectores que
han estado esperando con mucha anticipación el retorno prometido del
Señor Jesucristo. Con dieciséis libros en la serie y más de setenta millones
de copias vendidas, se ha convertido en una de las series de ficción para
adultos de mayor venta de todos los tiempos, indudablemente debido
a la fascinación de nuestros lectores con Jesús y el tema de la profecía
bíblica.

¡Extra, Extra!, ¡noticias de última hora!

Si examinara en detalle las tres revistas más destacadas de los Estados
Unidos —*Time, Newsweek,* y *U.S. News & World Report*— quizás notaría
un fenómeno repetitivo bastante raro. Estas revistas están dedicadas a
cubrir las últimas noticias políticas, económicas, científicas y de entre-
tenimiento de todo el mundo cada semana. Y, aunque de vez en cuando
tocan temas religiosos, estas revistas ciertamente no se clasificarían como
publicaciones religiosas. Sin embargo, han puesto a Jesús en sus portadas
¡más de dos docenas de veces en la última década! En efecto, Jesús ha
aparecido en más portadas de *Time* que cualquier otra persona que jamás
haya vivido, con la excepción de los más recientes presidentes estadounidenses.[8] Eso nos obliga a preguntarnos por qué estas organizaciones
noticiosas *que tratan principalmente los eventos de actualidad,* hallan los
detalles que rodean a un carpintero judío de un pueblo insignificante
del Medio Oriente que vivió y murió hace dos mil años tan persuasivos

como para destacar historias de portada acerca de Él una y otra vez. ¿Qué está sucediendo?

La revista *Time* ha puesto a Jesús en su portada la asombrosa cantidad de veintiuna ocasiones durante las últimas siete décadas; y eso es además de otras sesenta y cinco historias de portada que tratan del tema del cristianismo durante ese mismo período.[9] Para ponerlo en perspectiva, examine la siguiente lista, la cual registra el número de veces que cada uno de estos individuos famosos (excluyendo a los más recientes presidentes) ha aparecido en la portada de *Time* desde el comienzo de la Segunda Guerra Mundial:

Jesucristo: 21

Mijaíl Gorbachov: 14

Saddam Hussein: 14

Henry Kissinger: 11

Nelson Rockefeller: 11

Al Gore: 10

Fidel Castro: 8

Princesa Diana: 8

Bill Gates: 8

Iósiv Stalin: 8

Spiro Agnew: 7

Yasir Arafat: 7

Douglas MacArthur: 6

O. J. Simpson: 6

Mao Tse-tung: 6

Winston Churchill: 5

Thomas Dewey: 5

Newt Gingrich: 5

John Kerry: 5

Martin Luther King: 5

Osama bin Laden: 5

Yitzhak Rabin: 5

The Beatles: 4

Dick Cheney: 4

Albert Einstein: 4

John Glenn: 4

Billy Graham: 4

Adolfo Hitler: 4

Howard Hughes: 4

Mónica Lewinsky: 4

Nelson Mandela: 4

Colin Powell: 4

Darth Vader: 4

George Washington: 4

Woody Allen: 3

Tom Cruise: 3

Walt Disney: 3

Jesse Jackson: 3

Shirley MacLaine: 3

Oliver North: 3

George Patton: 3

Dan Rather: 3

Steven Spielberg: 3

Marlon Brando: 2

Bill Cosby: 2

Sigmund Freud: 2

Alan Greenspan: 2

J. Edgar Hoover: 2

Thomas Jefferson: 2

Stephen King: 2

Rush Limbaugh: 2

Marilyn Monroe: 2

Ross Perot: 2

Harry Potter: 2

Frank Sinatra: 2

Bruce Springsteen: 2

John Travolta: 2

Ted Turner: 2

John Wayne: 2

Benjamín Franklin: 1

Abraham Lincoln: 1

Madre Teresa: 1

Curiosamente, las revistas noticiosas de hoy, que destacan un retrato de Jesús en sus portadas, con mayor frecuencia están acompañadas de historias que dan credibilidad a las antiguas ideas gnósticas, mientras que al mismo tiempo debilitan probados datos bíblicos históricos. Proveniente de la palabra griega que significa *conocimiento*, el gnosticismo enseña principalmente que el alma humana es divina y está atrapada en un mundo material creado por un dios imperfecto. Para escapar de este mundo inferior, uno debe obtener conocimiento espiritual esotérico reservado solo para unos cuantos selectos.

Frecuentemente, los artículos de esas revistas dicen aclarar algún *misterio antiguo*, revelar algún *secreto oculto* u ofrecer *nuevas apreciaciones perspicaces*. En casi todos los casos se les pide a los lectores que tiren por la borda sus creencias tradicionales sobre el cristianismo o se les anima a fusionar sus «anticuados» puntos de vista de Cristo con conceptos gnósticos «intelectualmente más sensatos». A menudo esos *nuevos descubrimientos* y *novedosas evaluaciones* no son nada más que variaciones de ideas gnósticas antiguas, que se basan en documentos del primero o segundo siglos de dudosos orígenes que han sido reempaquetados para atraer a la cultura posmoderna.

De modo similar, ha habido un resurgimiento de esas ideas gnósticas idénticas en una cantidad de libros recientes de gran popularidad cuyo objetivo principal, por lo visto, es socavar los datos históricos que rodean la vida de Jesús. El principal entre los libros de hoy a favor del gnosticismo es *El código Da Vinci* por el autor Dan Brown, que estuvo más de dos años en la lista de éxitos de librería del New York Times. Sus declaraciones revisionistas incluyen las aseveraciones de que Jesús estaba casado y que su divinidad fue un concepto inventado por el emperador Constantino en el año 325 A.D. Cuando se le confrontó con prueba de los innumerables errores históricos que contenía el libro, los defensores de Brown simplemente hicieron a un lado el tema diciendo que *El código Da Vinci* era una obra de ficción.[10]

Una plétora de otros libros con ideas afines se encuentran en el mercado, tales como *Las cartas sagradas de Jesús,* por el experto en misticismo Michael Baigent; *The Jesus Dynasty* [La dinastía de Jesús], por el profesor de estudios religiosos, James Tabor; *Más allá de la fe*, por la especialista gnóstica Elaine Pagels; y *Jesús no dijo eso,* por el evangélico nada devoto Bart Ehrman, ninguno de los cuales —a diferencia de *El código Da Vinci*— dijo ser ficticio. Estos libros dan más detalles de muchas teorías del gnosticismo, incluyendo la idea de que Jesús realmente no murió como resultado de la crucifixión, que la resurrección fue arreglada fraudulentamente, y que la Biblia está tan llena de errores textuales que se le considera completamente carente de valor.

Los cristianos tradicionales dirían que el avivamiento y la promoción del gnosticismo actual equivalen a todo un ataque frontal a las doctrinas básicas del cristianismo. Los promotores gnósticos, por otro lado, dirían que las doctrinas bíblicas estaban corruptas desde el principio y que solo ahora se está revelando la verdad completa. Entonces, ¿a quién creemos?

¡Hurra por Hollywood!

No es sorprendente que el éxito del libro *El código Da Vinci* llamara la atención de los productores de Hollywood poco después que alcanzara el primer lugar de la lista de los éxitos de librería. El reconocido actor Tom Hanks se asoció con el director cinematográfico Ron Howard para llevar a la pantalla grande la obra de suspenso de Brown en 2006. La película terminó generando más de doscientos millones de dólares a nivel nacional y fue aclamada como un auténtico éxito por los medios de comunicación.[11] Muchos de los mismos temas anticristianos que llenaron el libro llegaron a la pantalla gigante.

Dos años antes, otra película de Jesús, *La Pasión de Cristo* de Mel Gibson, tomó por sorpresa a Hollywood. A la película de Gibson le fue mejor que a *El código Da Vinci* en la taquilla nacional, produciendo más de trescientos setenta millones de dólares.[12] Sin embargo, ambas películas en última instancia tuvieron un éxito que sobrepasó las expectativas de todos al generar cada una más de mil millones de dólares después que se contaron los recibos de las taquillas extranjeras y las ventas de DVD.

Hablando teológicamente, las dos películas no pudieron ser más distintas. Para muchos, *La Pasión*, a pesar de depender de algunos textos no bíblicos, fue percibida como un intento de hacer una película que fuese de algún modo fiel a las Escrituras sobre las cuales se basó. Esto fue, por decir lo mínimo, asombroso para una película producida y dirigida por una persona de Hollywood de gran influencia interna. *El código Da Vinci*, por otro lado, fue más típico de Hollywood y fue vista como un ataque descarado en contra de varios preceptos bíblicos que millones de personas atesoran. Los observadores de los medios de comunicación estaban dolorosamente conscientes del doble estándar que habían empleado los estudios en cuanto a la producción y distribución de estas dos películas. Como se esperaba, *El código Da Vinci* fue acogida con entusiasmo y promovida por el sistema de Hollywood mientras que *La Pasión* fue obstaculizada en cada etapa de su producción y distribución. Solo como resultado de la tenacidad y los recursos (financieros y otros) de Mel Gibson, *La Pasión* al final pudo salir a la luz.

Sin embargo, lo que es verdaderamente asombroso en todo esto es que aquí teníamos dos importantes películas modernas de Hollywood cuyas tramas, a pesar de la polaridad de su teología, giraban alrededor de un carpintero judío de un pequeño e insignificante pueblo hace veinte siglos. Y, no obstante, estas películas aún eran relevantes culturalmente, controversiales, y capaces de generar miles de millones de dólares ¡dos mil años después de sucedidos los hechos!

¿Quién dice usted que soy yo?

La Biblia registra un intercambio importante que se llevó a cabo entre Jesús y sus discípulos mientras estaban visitando varios pueblos en la región de Cesarea de Filipo. Jesús había estado orando solo cuando de repente se le acercaron sus discípulos. Mientras empezaban a caminar juntos por el camino, Jesús volteó e hizo dos preguntas cruciales. Esta discusión fue tan importante que se registró en los primeros tres libros del Nuevo Testamento (conocidos como los evangelios sinópticos), en Mateo 16, Marcos 8, y Lucas 9:

> Viniendo Jesús a la región de Cesarea de Filipo, preguntó a sus discípulos, diciendo: ¿Quién dicen los hombres que es el Hijo del Hombre? Ellos dijeron: Unos, Juan el Bautista; otros, Elías; y otros, Jeremías, o alguno de

> los profetas. El les dijo: Y vosotros, ¿quién decís que soy
> yo? Respondiendo Simón Pedro, dijo: Tú eres el Cristo,
> el Hijo del Dios viviente. Entonces le respondió Jesús:
> Bienaventurado eres, Simón, hijo de Jonás, porque no te
> lo reveló carne ni sangre, sino mi Padre que está en los
> cielos (Mateo 16.13-17).

Pedro, a quien se le conocía por su impetuosidad en lo concerniente a expresar sus opiniones, tal vez no entendió completamente la implicación de lo que estaba diciendo en ese preciso momento. Pedro no solo estaba afirmando que Jesús era en verdad el Mesías, el cumplimiento literal de las profecías del Antiguo Testamento, sino que era también deidad: Dios en carne humana.

Hoy, estas siguen siendo las dos preguntas más importantes que cualquiera pudiera hacer: «¿Quién dicen los hombres que soy yo [Jesús]?» y «¿Quién dice *usted* que soy?» Las respuestas que dé a estas preguntas determinará el rumbo de su vida junto con su destino eterno.

Cuando me han entrevistado varios presentadores de programas de televisión y radio como Larry King, Bill O'Reilly, Morley Safer, Glenn Beck u otros, la pregunta surge invariablemente: «¿Por qué dice usted que creer en Jesucristo es el único camino al cielo?» La respuesta yace en lo que Él es. Si es verdaderamente «el Hijo unigénito de Dios, nacido de una virgen» como lo presenta la Biblia, entonces califica como el único camino a la salvación, puesto que se refirió a sí mismo:

> Yo soy el camino, y la verdad, y la vida; nadie viene al
> Padre, sino por mí (Juan 14.6).

Pero si este carpintero galileo de treinta y tres años era solo una más de las aproximadas trece mil millones de personas que han vivido en la tierra, entonces la devoción de aquellos que lo estiman (u odian) es con seguridad equivocada. En cualquier caso, debemos contestar una pregunta crítica: *¿Por qué después de dos mil años sigue el mundo fascinado con Jesús?*

Capítulo dos

JESÚS Y SU BEST SELLER

Aunque literalmente miles de documentos antiguos se refieren a varios aspectos de la vida de Cristo, la fuente de información más completa sobre Jesús viene de los manuscritos que conforman la Biblia. Después que Johannes Gutenberg inventó la imprenta en Estrasburgo, Alemania, en 1455, la Biblia ha pasado a convertirse en el libro de más ventas en toda la historia:

> Nadie realmente sabe cuántas copias de la Biblia se han impreso, vendido o distribuido. El intento de la Sociedad Bíblica por calcular el número impreso entre 1816 y 1975 produjo la cifra de 2,458,000,000. Un sondeo más reciente, de todos los años hasta 1992, puso la cifra más cerca de 6,000,000,000 en más de 2,000 idiomas y dialectos. Cual sea la cifra precisa, la Biblia

es, por mucho, el libro de más éxito en ventas de todos
los tiempos.[1]

A través de los siglos, la Biblia ha resistido la prueba del tiempo y,
a pesar de la interminable controversia —o quizás en parte debido a
ella— continúa vendiéndose anualmente más que todos los demás libros.
El *New York Times* y otras publicaciones similares que son responsables
de recopilar listas de best sellers, decidieron hace mucho tiempo dejar
de incluir a la Biblia en el puesto número uno cada semana, al parecer
debido a la redundancia:

> La conocida observación de que la Biblia es el libro de
> más ventas de todos los tiempos oculta un hecho más
> sorprendente: la Biblia es el best seller del año, cada
> año. Calcular cuántas Biblias se venden en los Estados
> Unidos es una tarea prácticamente imposible, pero un
> estimado conservador es que en el 2005 los estadouni-
> denses compraron unas veinticinco millones de Biblias,
> el doble del libro más reciente de Harry Potter.[2]

La Biblia: Una breve historia

La Biblia de hoy consiste de sesenta y seis diferentes libros escritos por
cuarenta autores distintos en el transcurso de unos mil quinientos años.
El Antiguo Testamento, que consiste de treinta y nueve de esos libros, es
anterior a la época de Cristo; aunque gran parte del contenido se centra
alrededor de la aparición futura profetizada del Mesías (véase capítulo

3). Los primeros cinco libros del Antiguo Testamento, constituidos por Génesis, Éxodo, Levítico, Números y Deuteronomio, son conocidos colectivamente como la Torá o Pentateuco y se cree que fueron escritos por Moisés durante mediados del siglo XV A.C., mientras que el último libro del Antiguo Testamento, Malaquías, tiene como fecha mediados del siglo V A.C. El Antiguo Testamento contiene una tremenda cantidad de información incluyendo detalles de la creación, el diluvio, la formación del lenguaje, el origen del pueblo judío, el establecimiento de reyes y numerosas profecías.

El Nuevo Testamento contiene veintisiete libros, todos ellos se concentran en la persona de Jesucristo. Escritos en el transcurso de unos cincuenta años durante la segunda mitad del primer siglo después de Cristo, estos libros consisten de cuatro versiones diferentes de la vida de Cristo (los evangelios de Mateo, Marcos, Lucas y Juan); uno que describe lo que les sucedió a los discípulos después de la resurrección (el libro de Hechos); cartas de instrucción a las iglesias en varias ciudades (como los libros de Corintios y Efesios, etc.); y uno de profecía que detalla los eventos futuros de los *últimos días* (el libro de Apocalipsis).

De principio a fin, la Biblia presenta una narración épica de la relación de Dios con su más valiosa creación: la humanidad. Ahora bien, ¿cómo se llevó a cabo esta «colección de libros dentro de un Libro»? El escritor de la carta a los Hebreos en el Nuevo Testamento nos provee una pista:

> Dios, habiendo hablado muchas veces y de muchas maneras en otro tiempo a los padres por los profetas, en estos postreros días nos ha hablado por el Hijo (Hebreos 1.1-2).

El Antiguo Testamento se originó como resultado de Dios «haber hablado» a sus profetas escogidos *«en otro tiempo»* (antes de la época de Cristo). Estos hombres, provenientes de todas las profesiones y condiciones sociales, recibieron la tarea de escribir su mensaje divino para al final divulgarlo a la gente. ¿Por qué se escogieron profetas en lugar de líderes religiosos? Porque se podía confiar en que ellos no corromperían la información con sus propios pensamientos o ideas (véase capítulo 3 para descubrir el castigo que le aguardaba a cualquier profeta que hablaba por su propia cuenta mientras decía estar hablando de parte de Dios). *«Muchas veces y de muchas maneras»* es una indicación de las distintas ocasiones en las que Dios proveyó su mensaje a sus profetas. Esto resultó en que los libros del Antiguo Testamento fueran escritos en diferentes momentos en un lapso de mil años, desde alrededor del año 1450 A.C. hasta el año 435 A.C. El rey David, que escribió muchos de los salmos de la Biblia, los cuales incluyen profecías acerca del Mesías que iba a venir, sabía que era el Señor quien le estaba ordenando qué escribir:

> Todas estas cosas, dijo David, me fueron trazadas por la
> mano de Jehová (1 Crónicas 28.19).

El Nuevo Testamento, como lo indicó el autor de Hebreos, se originó como resultado de la documentación acerca de la información recopilada por los apóstoles, a los que «nos ha hablado por medio de su Hijo» Jesucristo. Algunos como Mateo y Juan, fueron discípulos de Jesús, mientras que el apóstol Pablo —que al principio fuera enemigo de Cristo—, fue luego reclutado para el ministerio posterior a la resurrección. Lucas, el escritor del libro de Hechos y el evangelio que lleva su nombre, fue un notable doctor, historiador e investigador. A pesar de no ser uno de los discípulos originales, no obstante entrevistó cuidadosamente a testigos oculares de los acontecimientos de la vida de Cristo mientras acompañaba al apóstol Pablo en muchos viajes misioneros. Juntos, el Antiguo y el Nuevo Testamento nos proveen toda la *Palabra de Dios* escrita, el resultado de una comunicación cooperativa singular y sobrenatural entre Dios y el hombre.

Conservación del texto

Toda la Escritura es inspirada por Dios, y útil para enseñar, para redargüir, para corregir, para instruir en justicia (2 Timoteo 3.16).

La mayoría de los libros del Antiguo y del Nuevo Testamento se escribieron originalmente en los idiomas hebreo, arameo o griego y sobre *papiro*, una planta usada para crear rollos y páginas; o en *pergamino*, que era hecho de piel de animales. Los manuscritos originales, escritos con la letra del propio autor (o la de su escriba personal), se conocen como *autógrafos originales*. Estos manuscritos, redactados bajo la inspiración del Espíritu Santo, son los que se consideran *sin errores*, y representan la verdadera Palabra de Dios. Esta misma cualidad «sin error» puede aplicarse a cualquier copia o traducción precisa de los autógrafos.

Nuestra cultura hoy atribuye gran valor a todo aquello que se estima original. Los coleccionistas saben que cualquier cosa original, ya sea una pintura, una revista de historietas, o una muñeca, vale mucho más que una copia. Parece, sin embargo, que a Dios no le interesan tales cosas. En lo que respecta a su Palabra, por lo visto le preocupa mucho más la protección del contenido que la seguridad del pergamino en que se escribió.

Los materiales perecederos como el papiro se deterioran con rapidez, sobre todo en condiciones húmedas, y se han conservado solo en casos raros cuando el manuscrito se ha guardado cuidadosamente en climas en extremo áridos, como en Egipto o el desierto de Judea. Los antiguos cuidadores judíos de la Palabra de Dios esperaban que los rollos y códices (libros) se deteriorasen con el tiempo, de modo que constantemente se hacían copias para conservar el contenido. También había el problema del continuo uso y desgaste, lo que aceleraba el daño. Bajo ese escenario, se preferían los rollos nuevos a los viejos y gastados.

Se sumaba al dilema de tratar de proteger los originales el hecho de que Israel tenía muchos enemigos. Teniendo en cuenta el número de guerras que se libraron en esa región en particular en el transcurso de los años, es un milagro que algún manuscrito haya sobrevivido en lo absoluto. La destrucción del templo judío en Jerusalén en el año 586 A.C. y también en el 70 A.D. habrían puesto en peligro los manuscritos, ya que probablemente estaban guardados en la biblioteca del templo. Los sacerdotes que huyeron del escenario debieron estar preocupados por conservar el *contenido* de los libros por encima de todo y, por lo tanto, tal vez rescataron las copias más recientes.

Por ese motivo, a los escribas, cuyo deber era copiar las Escrituras, se les encargó que se asegurasen de hacer su trabajo con la más suma precisión. Sin embargo, eso no se aplicó a los manuscritos del mundo antiguo que no eran bíblicos. Por lo tanto, el Antiguo y el Nuevo Testamento que tenemos hoy quizá son mucho más precisos que otros textos antiguos como *La Ilíada* de Homero o las obras de Aristóteles. El famoso historiador judío Josefo, reiteró este punto justo antes del final del siglo I A.D. cuando escribió:

> Nosotros hemos demostrado prácticamente nuestra
> reverencia por nuestras Escrituras. Porque a pesar de
> haber pasado tantos siglos, nadie se ha aventurado a
> añadir, o quitar, o alterar una sílaba.[3]

Jesús, los apóstoles y los judíos de ese período usaron como su Biblia la *Septuaginta*, una traducción al griego de las Escrituras hebreas realizada en el año 250 A.C. Si hubiese habido un problema de inexactitud, Jesús con toda seguridad lo habría indicado, pero no lo hizo. La lógica dicta que si Dios se va a tomar la molestia de proveer su Palabra a su pueblo, entonces también la va a proteger de alteraciones significativas. Si la conservación de los autógrafos originales hubiera sido importante, habría tomado las medidas necesarias para guardarlos. No obstante, Dios reconoció que las copias hechas con precisión eran suficientes. El contenido del mensaje era lo importante.

Hay oro en las montañas

En 1947, un pastor de cabras beduino descubrió un tesoro oculto de viejos manuscritos del Antiguo Testamento en una cueva que daba a la costa occidental del Mar Muerto en Israel. En el transcurso de las siguientes décadas, se encontraron más de 230 textos en once cuevas distintas. Porciones de cada libro del Antiguo Testamento (excepto Ester) estaban representadas en lo que podría considerarse el hallazgo más grande de la historia. Se encontraron algunos libros enteros, incluyendo uno perfectamente conservado de Isaías.[4]

Antes del descubrimiento de los rollos del Mar Muerto, el texto completo más viejo del Antiguo Testamento que se sabía que había sobrevivido era el manuscrito masorético. El nombre proviene de la escuela de escribas de los masoretas, cuya tarea era copiar y conservar los textos que se les asignaban. De ese manuscrito, fechado alrededor de la mitad del siglo X A.D., es que ha venido la mayoría de nuestras traducciones del Antiguo Testamento. Recopilado de un número de fuentes medioevales, se creía que el texto hebreo masorético era el más preciso de todos los textos del Antiguo Testamento que habían sobrevivido. También ha sido la versión «autorizada» usada dentro del judaísmo desde entonces.[5]

Durante muchos años, los críticos se habían quejado de que la fecha del texto masorético era demasiado tardía para asegurar su precisión. No obstante, el descubrimiento de los rollos del Mar Muerto silenció tales argumentos. Con algunos documentos fechados tan temprano como el año 225 A.C., ¡eran más de mil años más antiguos que los textos masoréticos![6] Y demostraron, sin lugar a dudas, que los manuscritos bíblicos en verdad se habían copiado con precisión a través de los siglos. Por ejemplo, cuando los libros de Isaías de las dos fuentes fueron comparados, se reveló que el noventa y cinco por ciento de los textos eran idénticos. El restante cinco por ciento involucraba solo diferencias de ortografía, gramática y caligrafía que no afectaban el significado del texto.[7]

Precisión de escritor

Antes de la invención de la imprenta, el único medio por el cual se podía conservar el contenido de los textos antiguos era, por supuesto, mediante el proceso concienzudo de copiar a mano. Esas copias escritas a mano las usan los historiadores cuando tratan de autenticar los manuscritos antiguos en los casos en que los autógrafos originales no han sobrevivido. Cuanto más copias haya y más cerca se puedan fechar al original, más fácil es validar la exactitud del manuscrito.

El doctor Norman Geisler, profesor de teología de Southern Evangelical Seminary, es considerado una de las autoridades más destacadas del mundo en historia y exactitud de la Biblia. Él escribe:

> De toda la literatura antigua, el Nuevo Testamento es el documento mejor autenticado. Hay más manuscritos del Nuevo Testamento, además de copias más antiguas y confiables de los manuscritos originales (autógrafos) del Nuevo Testamento, que de cualquier otra obra escrita de los tiempos antiguos.[8]

Específicamente, ¿cómo se compara el Nuevo Testamento con relación a otros manuscritos de la historia antigua? Fíjese en las características de los textos de estos reconocidos escritores antiguos:

Las obras de Platón

Fecha del origen del manuscrito: año 300 a.c.
Fecha de la copia más antigua en existencia: año 900 a.d.
Intervalo entre la copia original y la copia más antigua en existencia: 1,200 años
Número de copias existentes: 7

Las guerras gálicas, por Julio César

Fecha del origen del manuscrito: año 100 a.c.
Fecha de la copia más antigua en existencia: año 900 a.d.

Intervalo entre la copia original y la copia más antigua en existencia:
1,000 años
Número de copias existentes: 10

Anales, por Tácito

Fecha del origen del manuscrito: año 100 a.d.
Fecha de la copia más antigua en existencia: año 1100 a.d.
Intervalo entre la copia original y la copia más antigua en existencia:
1,000 años
Número de copias existentes: 3

En estos ejemplos, fíjese en el tiempo transcurrido entre las fechas de origen de los manuscritos y las fechas de las copias más antiguas existentes que se conocen, así como también el pequeño número de copias que se sabe que existen de cada uno. Ahora compare esta información con la de los textos del Nuevo Testamento...

El Nuevo Testamento

Fecha del origen del manuscrito: año 50-95 a.d.
Fecha de la copia más antigua en existencia: año 125 a.d.
Intervalo entre la copia original y la copia más antigua en existencia:
30-75 años
Número de copias existentes: Más de 5,700

La validez de las obras antiguas de Platón, César y Tácito, ya mencionadas, jamás se ha puesto en duda a pesar de la diferencia de más de mil años entre los originales y las copias, y el pequeño número de copias en existencia. Por otro lado, el Nuevo Testamento tiene menos de cien años entre la escritura del texto original y las copias más antiguas en existencia, y también *miles* de copias de dónde escoger; lo que prácticamente garantiza su precisión. Sin embargo, la integridad del Nuevo Testamento se pone en entredicho casi a diario en muchas universidades alrededor del país y los medios nacionales. El profesor F. F. Bruce de la Universidad de Manchester, en Inglaterra, escribe:

> Si el Nuevo Testamento fuera una colección de escrituras seculares, su autenticidad generalmente sería considerada de manera indudable.[9]

El hecho es que, si uno fuera a eliminar al Nuevo Testamento como manuscrito viable, tendría que declarar inválidos a todos los demás textos antiguos ya que ningún otro manuscrito antiguo siquiera se acerca a la autenticidad y precisión del Nuevo Testamento. En consecuencia, nuestro conocimiento de la historia clásica se convertiría… sin hacer juego de palabras… en cosa del pasado. Como escribió el doctor Clark Pinnock de McMaster University, en Toronto:

> No existe documento del mundo antiguo que haya sido testificado por un conjunto de testimonios textuales e históricos tan excelentes, y que ofrezca una gama de datos históricos tan magníficos sobre la cual se pueda hacer una decisión inteligente. Una persona sincera no puede descartar esta clase de fuente. El escepticismo con respecto a las credenciales históricas del cristianismo se basa en una parcialidad irracional.[10]

Escríbalo

Durante unos años después de la resurrección de Jesús, no hubo escritos del Nuevo Testamento. Y no obstante, la iglesia aún creció a un ritmo fenomenal.

Esto fue posible mediante los esfuerzos de los apóstoles que viajaban a diferentes regiones y predicaban a las masas acerca del Cristo resucitado que había cumplido las profecías mesiánicas del Antiguo Testamento. Al poco tiempo, sin embargo, a medida que las necesidades de la iglesia comenzaron a evolucionar, también lo hicieron los métodos de enseñanza.

Rápidamente se hizo evidente que la instrucción oral que se realizó durante el primer par de años tendría que expandirse para incluir a la Palabra escrita. Se necesitaba aclarar las preguntas doctrinales. Los relatos de testigos oculares tenían que registrarse. Los apóstoles, como Pablo, querían encontrar maneras de continuar enseñando mientras estaban en la cárcel. Se requería un relato escrito de lo que había sucedido durante el tiempo que Jesús estuvo en la tierra para que el mensaje pudiera continuar más allá de la vida de los apóstoles. Así que Mateo, Marcos, Lucas, Juan, Pablo, Santiago, Pedro y Judas comenzaron a escribir.

Una pregunta legítima sería cómo y cuándo se escogieron los diversos libros para que se incluyesen en la Biblia. Para el Antiguo Testamento, eso sucedió en un período de mil años y concluyó durante el siglo V A.C., cuando se detuvo la actividad profética en Israel. Puesto que los primeros cinco libros del Antiguo Testamento, la Torá, ya se habían reconocido como la Palabra de Dios, todos los libros posteriores tenían que conformarse a ellos. Además, se probaron las profecías de corto plazo de cualquier posible autor bíblico para asegurarse de que en verdad fueran profetas de Dios.[11]

Las Escrituras del Nuevo Testamento llevan un conjunto similar de requisitos para su inclusión. Primero, no podía haber ningún error histórico o geográfico. Los libros tenían que haberlos escrito verdaderos discípulos (como Mateo, Juan o Pedro) o asociados cercanos de Jesús (como Lucas), lo cual limitó su autoría solo al primer siglo. Y no podía haber conflictos doctrinales con el Antiguo Testamento.

De modo contrario a las declaraciones de populares éxitos de librerías con temas gnósticos como *El código Da Vinci*, los libros para el Nuevo Testamento *no* fueron escogidos por el emperador Constantino para fines políticos durante el Concilio de Nicea en el año 325 A.D. Los cuatro relatos evangélicos ya se habían elevado al nivel de «Palabra de Dios» (igual que el del Antiguo Testamento) hacia fines del siglo II. La decisión final de *canonizar* (reunir) el Nuevo Testamento se hizo en Cartago en el año 397 A.D.[12] Los veintisiete libros del Nuevo Testamento ya habían sido aceptados universalmente y usados con regularidad por la iglesia por más de 200 años, y las acciones en Cartago simplemente lo hicieron oficial.

Con cada vuelta de la pala...

Durante mediados del siglo XIX, empezó un movimiento en Alemania que al final llegó a conocerse como la filosofía de la alta crítica. Inspirado por un número de racionalistas del pasado, incluyendo a John Locke, David Humme e Immanuel Kant, el grupo, dirigido por el teólogo David Strauss de la escuela Tubingen, trató de socavar la Biblia y negar la divinidad de Jesucristo.[13] Aunque la metodología de Strauss desde entonces ha sido desacreditada completamente por estar llena de fallas, no obstante fue capaz de causar bastante escándalo en Europa durante ese tiempo.[14]

Incluso hoy, el impacto negativo de la alta crítica en el cristianismo y el proceso de razonamiento aún se siente.

El famoso arqueólogo Sir William Ramsay fue uno de esos individuos que al principio había aceptado los argumentos de la escuela Tubingen de la alta crítica. Sin embargo, cuanto más excavaba a lo largo de las regiones del Medio Oriente, más comenzó a crecer su apreciación por los textos del Nuevo Testamento, los que había descartado como mitos:

> Empecé con una mente desfavorable hacia [el libro de Hechos de Lucas], porque el ingenio y aparente totalidad de la teoría de Tubingen en un tiempo me habían convencido... Pero más recientemente a menudo me encontraba en contacto con el libro de Hechos como una autoridad en topografía, antigüedades y la sociedad de Asia Menor. Poco a poco me fui percatando de que, en diversos detalles, la narrativa mostraba una maravillosa verdad.[15]

Al final, Ramsay hizo más que cualquier otro arqueólogo para corroborar los registros del Nuevo Testamento como fuentes basadas en los hechos e históricamente precisas (Indiana Jones estaría celoso). En particular, Ramsay descubrió que Lucas era un historiador de primera que había hecho referencia a treinta y dos países, cincuenta y dos ciudades y nueve islas dentro del contexto de su evangelio y el libro de Hechos, ¡sin ningún error histórico![16] Otros arqueólogos como Millar Burrows llegaron a estar de acuerdo:

El trabajo arqueológico indudablemente ha fortalecido
la confiabilidad del registro bíblico. Más de un arqueólogo ha experimentado un aumento en su respeto por la
Biblia a causa de la excavación en Palestina.[17]

En la medida en que el número de excavaciones empezó a aumentar
por toda la región del Medio Oriente durante el siglo XX, también se
incrementó el número de artefactos bíblicos que se descubrieron. Al
final del siglo hubo literalmente cientos de miles de descubrimientos
arqueológicos que se relacionaban con la Biblia.[18] Parecía que con cada
vuelta de la pala arqueológica, alguna porción de la Biblia era validada…
o reivindicada. El arqueólogo Nelson Glueck, ex alumno de William F.
Albright, el famoso arqueólogo pionero, concluyó:

> Se podría decir categóricamente que ningún descu-
> brimiento arqueológico jamás ha contradicho una
> referencia bíblica. Se han realizado muchos hallazgos
> arqueológicos que confirman en un claro bosquejo
> o detalladas declaraciones históricas la exactitud de la
> Biblia.[19]

Comprobó ser confiable

A pesar de las cientos de miles de piezas en los museos y más evidencia
a través de manuscritos que cualquier otro texto antiguo, algunos aún se
rehúsan a aceptar la Biblia como algo distinto a una colección de mitos.

Por ejemplo, si fuéramos a preguntar a cualquier número de destacados profesores universitarios o líderes de nuestros medios nacionales hoy si la Biblia es confiable, la respuesta probablemente sería un rotundo «no».

Un caballero que en tiempos recientes ha tenido un impacto significativo contribuyendo con la percepción pública de que la Biblia no vale ni el pergamino en el que está escrita es el «ex cristiano» Bart Ehrman. Ehrman, que ahora dice ser agnóstico, originalmente recibió su capacitación en Moody Bible Institute y Wheaton College, Illinois, antes de obtener su doctorado y la presidencia del Departamento de Estudios Religiosos de la Universidad de Carolina del Sur y es autor de libros como *Cristianismos perdidos*, *Jesús no dijo eso* y *The Orthodox Corruption of Scripture* [La corrupción ortodoxa de las Escrituras]. Él cree que la Biblia que hoy tenemos fue tan corrompida por la iglesia durante el primer milenio que ya no se puede confiar que sea un preciso reflejo de la historia. Ehrman, desde entonces, ha proseguido apoyando la perspectiva agnóstica sobre Jesús como la más válida.[20]

Con la salida a la venta de *Jesús no dijo eso* en 2005, Bart Ehrman se unió a las filas de las «celebridades invitadas» e hizo sus giras por los medios de comunicación para promover su obra, apareciendo en una cantidad de canales de televisión incluyendo CNN, NBC, A&E, el Discovery Channel, el History Channel y National Geographic. Una de esas giras para promover su obra culminó con la aparición en *The Daily Show* con Jon Stewart, donde se le felicitó por sus esfuerzos por exponer «la corrupción deliberada de las Escrituras», lo que hizo que la Biblia pareciera —por lo menos para el presentador— «más interesante… casi más piadosa en algunos aspectos».[21] En un lapso de cuarenta y ocho horas después de haber salido al aire el programa, *Jesús no dijo eso* había subido al puesto número uno en Amazon.com y cimentado su estatus en la lista de éxitos de librería del *New York Times*, convirtiéndose de ese modo en «uno de los best seller menos probables del año».[22]

Alrededor de ese mismo tiempo, el autor y místico Michael Baigent comenzó a aparecer en varios programas similares, incluidos *Dateline NBC* y *The Today Show*, promoviendo su libro más reciente, *Las cartas privadas de Jesús*.[23] Su anterior intento de socavar la Biblia, una obra titulada *El enigma sagrado*, había servido como inspiración para *El código Da Vinci*, de Dan Brown, sin su permiso (de hecho, los dos hombres estuvieron envueltos en una batalla legal justo cuando la versión cinematográfica de gran presupuesto de la novela de suspenso de Brown estaba por llegar a los cines).[24] Tal como revela el siguiente intercambio con la corresponsal de *Dateline*, Sara James, Baigent fue bastante franco con respecto al verdadero motivo por el que escribió su libro:

> **Sara James, corresponsal de Dateline:** ¿Cree usted que la mayoría de lo que pensamos saber acerca de Jesús es mentira?

> **Michael Baigent, autor:** Lo es. Es una mentira obvia.

> **James:** Entonces básicamente, ¿está usted pidiendo a cualquiera que sea cristiano que cuestione sus creencias fundamentales?

> **Baigent:** ¡Por supuesto!

> **James:** Algunos podrían llamar a su posición herejía.

> **Baigent:** Eso es lo que espero.[25]

¿Tienen validez esas declaraciones? Antes que los creyentes sientan ganas de renunciar a su fe, deben reconocer que se puede demostrar fácilmente que la teología básica y las parcialidades de críticos como Ehrman y Baigent son sospechosas (véase capítulo 8). La erudición detrás de la obra de ambos hombres ha sido cuestionada por historiadores que han examinado esos escritos.[26]

Un erudito que examinó tales declaraciones a través del microscopio es Randall Price, doctor en filosofía, con maestría en teología, profesor de estudios judíos de Liberty University y catedrático de arqueología e historia bíblica de Trinity Southwest University. Price ve al actual aluvión de críticas contra la Biblia como una bendición disfrazada que ha forzado a los historiadores a asegurarse de que las Escrituras que tenemos hoy sean lo más efusivamente precisas posible:

> La tarea de los críticos textuales hoy es acercarnos cada vez más a la Biblia original. A pesar de las miles de traducciones hechas … el texto ha permanecido esencialmente inmutable. Y, por cierto, nada que afecte la doctrina o práctica se ha perdido o alterado a través de miles de años de historia de la transmisión textual. Esta es una convicción que se puede mantener aun en el mercado actual de ideas, en el que reina el escepticismo y la integridad de la Biblia se difama diariamente en los medios de comunicación.[27]

Lamento a causa de esa mentalidad

La escuela alemana de la alta crítica ha afectado a la cultura occidental durante más de un siglo y medio. Muchos, si no la mayoría de nuestros profesores universitarios, de institutos de formación profesional, e incluso de seminarios hoy han sido influenciados por ello a un nivel u otro y a su vez han influido a sus millones de alumnos. Los resultados han sido una desconfianza intensa pero innecesaria de las Escrituras judeocristianas entre los miembros del pueblo común.

Aun cuando esperamos la aparición de cualquier legendaria «montaña de evidencia que pueda demostrar que la Biblia está equivocada», hay algo que podría resultar en última instancia mucho más problemático: una nueva manera de pensar que ha surgido durante décadas... en la que la verdad es relativa y la evidencia realmente no interesa gran cosa. El doctor Craig Evans, autor y director del programa para graduados de Acadia Divinity College, en Nueva Escocia, lamenta que sea precisamente debido a esa mentalidad que tantos libros antibíblicos en los últimos años hayan llegado a ser éxitos de librería dentro de nuestra cultura popular:

> Nuestra sociedad postmoderna e irracional, en la que la verdad es subjetiva y negociable, probablemente tenga algo que ver con ello. Como dijo un crítico: El éxito de *El código Da Vinci* dice más acerca de la ingenuidad de la sociedad moderna que de las destrezas de Dan Brown.[28]

Innumerables promotores gnósticos, comentaristas expertos de los medios de comunicación y profesores universitarios hoy claman para que releguemos a la Biblia a un montón de basura. Muchos cristianos creen que ese pedido necesita refutarse de una manera eficaz, y cuanto más pronto mejor. Al profesor de arqueología Randall Price le parece que el momento no podía ser más crítico:

> Si los ataques a la integridad de los textos bíblicos continúan erosionando su duradero estatus como Escritura, desacreditarán la autoridad de la Biblia para el público en general, incluyendo a la mayoría de la comunidad cristiana. Y si, subsiguientemente, se aceptan las doctrinas heréticas y los valores de una alternativa cristiana, el resultado final podría ser el derrumbe de la cultura occidental, la cual se ha formado en base a la Escritura. Sin embargo, a eso le seguiría no una falta de religión, sino un nuevo dominio de otras religiones; aquellas que han estado esperando ansiosamente.[29]

Con cada día que pasa, continúo asombrándome por la manera en que la propia gente, a la que le gusta que se les llame «eruditos», rechazan al libro mejor documentado del mundo y simultáneamente se rehúsan a reconocer a la persona más influyente que jamás haya vivido. Esas mismas personas son las que luego aceptan los documentos menos autenticados como los de los gnósticos, los que a menudo contradicen la historia y el razonamiento sensato. El escritor inglés de principios del siglo XX, G. K. Chesterton fue el que mejor resumió el dilema cuando escribió:

> El primer efecto de no creer en Dios es que se pierde el sentido común.[30]

Capítulo tres

TODAS LAS SEÑALES APUNTAN HACIA ÉL

Los profetas que dependen del terreno sobrenatural para obtener sabiduría se pueden dividir en dos grupos básicos: los que profetizan en el nombre del Dios creador, como lo ilustran los profetas hebreos cuyas predicciones se registraron en la Biblia, y aquellos que reciben su información como resultado de practicar diversas formas de hechicería.

La señora Helena Blavatsky es uno de esos individuos que pertenece al segundo grupo. Ella fue la influyente ocultista del siglo XIX que fundó la Sociedad Teosófica, una organización que al final sirvió como la base del movimiento Nueva Era en la década de los ochenta. Sus habilidades clarividentes y de médium, las que permitían que entidades extradimensionales hablasen a través de ella, trajeron como resultado la creación de una numerosa serie de libros, incluyendo *Isis Unveiled* [Isis revelada] y *La doctrina secreta*.[1]

Edgar Cayce, a quien comúnmente se le refiere como el profeta durmiente, fue un psíquico estadounidense que vivió durante la primera mitad del siglo XX. A menudo enseñaba, mientras estaba en estado hipnótico, materias como reencarnación, astrología y la existencia de la ciudad perdida de Atlantis.

Quizás el más conocido de este tipo de profetas fue un caballero llamado Michel de Nostre Dame, mejor conocido como Nostradamus, el profeta fatídico. Nacido en 1503 en el sur de Francia, su fama se propagó rápidamente por toda Europa después de la publicación en 1555 de su libro titulado *Las profecías de Nostradamus*. El libro continúa siendo hoy inmensamente popular y ha resultado en una enorme cantidad de seguidores de Nostradamus, casi como si fuera un culto, por todo el mundo. Los escépticos de Nostradamus rápidamente señalan que su reputación como profeta ha sido en gran parte fabricada por simpatizantes modernos que hacen coincidir sus vagas y a menudo enigmáticas escrituras con acontecimientos después que han sucedido. De hecho, sus críticos contienden que sus escrituras son tan endebles que siguen siendo esencialmente inútiles para tratar de predecir cualquier evento por adelantado con el menor grado de certeza. Esto ha dado lugar a la irónica observación de que *Nostradamus es cien por ciento exacto en predecir hechos después que suceden.*[2]

Hablando de ser ciento por ciento exacto, a los profetas bíblicos en realidad se les requería que fueran precisamente eso… ciento por ciento exactos en todas sus predicciones; si no estaban a la altura —por ejemplo, se equivocaban en tan solo una profecía de mil— eran condenados como falsos ¡y posteriormente ejecutados!

> El profeta que tuviere la presunción de hablar palabra
> en mi nombre, a quien yo no le haya mandado hablar,
> o que hablare en nombre de dioses ajenos, el tal profeta
> morirá. Y si dijeres en tu corazón: ¿Cómo conoceremos
> la palabra que Jehová no ha hablado?; si el profeta hablare

en nombre de Jehová, y no se cumpliere lo que dijo, ni acontecieré, es palabra que Jehová no ha hablado; con presunción la habló el tal profeta; no tengas temor de él (Deuteronomio 18.20-22).

La palabra profética

Más de la cuarta parte del contenido de la Biblia era profético en el tiempo en que fue originalmente escrito. Hasta la fecha, más de la mitad de las más de mil de estas profecías se han cumplido hasta el más minucioso de los detalles. Con su historial de cien por ciento de exactitud, podemos tener confianza de que el resto de las profecías bíblicas que todavía están por cumplirse, incluyendo las que se tratan de los *últimos días* y más, sin lugar a dudas se cumplirán a su debido tiempo. Puesto que las profecías cumplidas se realizaron de una manera literal en lugar de simbólica o alegórica, tenemos base intelectual para creer que esas profecías que todavía están en el futuro asimismo se cumplirán literalmente.

Acordaos de las cosas pasadas desde los tiempos antiguos; porque yo soy Dios, y no hay otro Dios, y nada hay semejante a mí, que anuncio lo por venir desde el principio, y desde la antigüedad lo que aún no era hecho; que digo: Mi consejo permanecerá, y haré todo lo que quiero (Isaías 46.9-10).

Es irónico y desafortunado que varios maestros bíblicos en años recientes no hayan reconocido la innegable importancia de lo profético, especialmente cuando uno se da cuenta de que *la profecía cumplida da validez a la Biblia misma*. Ya que todas las profecías bíblicas cumplidas han mostrado ser meticulosamente precisas y exactas a través de los siglos, tiene sentido que lo que la Biblia tenga que decir sobre otras cosas —tales como los atributos de Dios, detalles de la creación, y la existencia del cielo y el infierno— también son cien por ciento exactos. También es lógico que el contenido de la Biblia no sea una creación humana sino que en cambio tenga sus orígenes fuera de nuestro espacio-tiempo continuo porque *registra la historia antes que suceda*. En esencia, la profecía es historia escrita por adelantado.

Más de setenta profetas son nombrados en las páginas de la Biblia. Abraham, Moisés, David, Elías, Isaías, Jeremías, Ezequiel, Daniel, Juan el Bautista e incluso Jesús mismo son solo unos cuantos de los más prominentes. Sus profecías cubren casi todo tema imaginable; desde el auge y la caída de líderes, hasta el destino de las naciones del mundo, y los detalles específicos involucrando al Mesías.

Los dictadores del mundo no necesitan postular

Una de las profecías más notables de la Biblia se encuentra en el segundo capítulo del libro de Daniel. Se le pidió al profeta Daniel que hablara del sueño del rey Nabucodonosor que sabios, astrólogos, magos y falsos profetas de Babilonia no habían podido revelar. Sin dejarse intimidar, Daniel dependió del *Dios en los cielos, el cual revela los misterios* (Daniel 2.28) para que le ayudara no solo a recordar el sueño, sino a interpretar su significado también. La interpretación resultó ser una profecía describiendo los cuatro futuros imperios que al final gobernarían el mundo entero. Estos incluían a los babilonios, seguidos de los medopersas, los griegos y, por último, los romanos. Aquí, Daniel, parado delante del rey Nabucodonosor de Babilonia, le dice acerca de los reinos que estaban por llegar:

> Tú, oh rey, eres rey de reyes; porque el Dios del cielo te ha dado reino, poder, fuerza y majestad. Y dondequiera que habitan hijos de hombres, bestias del campo y aves del cielo, él los ha entregado en tu mano, y te ha dado el dominio sobre todo; tú eres aquella cabeza de oro. Y después de ti se levantará otro reino inferior al tuyo; y luego un tercer reino de bronce, el cual dominará sobre toda la tierra. Y el cuarto reino será fuerte como hierro; y como el hierro desmenuza y rompe todas las cosas, desmenuzará y quebrantará todo (Daniel 2.37-40).

Información adicional acerca de esos imperios mundiales, incluyendo sus identidades específicas, aparece a lo largo del libro de Daniel. Esas profecías son tan exactas que muchos burlones insisten en que el libro de Daniel debió haberse escrito después de sucedidos los hechos. En realidad, ningún otro libro de la Biblia ha sido atacado y difamado por sus opositores con tanta ferocidad a lo largo de los años. Esos críticos afirman que el libro fue escrito con más probabilidad en algún momento del siglo II ya que hubiera sido imposible que alguien hubiese predicho los eventos de esos futuros reinos mundiales, que ni siquiera existían en ese entonces, con tal detalle.[3] Sin embargo, esas acusaciones han comenzado a desvanecerse últimamente. Los escépticos sufrieron un serio revés cuando se encontraron los manuscritos de Daniel en las cuevas de Qumrán como parte del descubrimiento histórico de los rollos del Mar Muerto. En efecto, los documentos de Daniel representaban el segundo lugar en cantidad de textos de profetas principales que se encontraron en Qumrán, antecedido solo por los de Isaías.[4]

> Es ahora evidente, en base a los hallazgos de Qumrán,
> que ningún escrito canónico puede fecharse después del
> final del período persa, esto es, mucho más allá del año
> 350 A.C.[5]

Lo que esto significa es que la fecha más reciente posible que se le puede asignar al libro de Daniel (o cualquier otro manuscrito del Antiguo Testamento) es el año 350 A.C., la cual es suficientemente antigua como para que sean legítimas todas las profecías. Su cumplimiento simplemente sirve para reforzar la inspiración divina detrás de las Escrituras.

Lo que nos da seguridad en el siglo XXI es que en los últimos 2,500 años, solo ha habido cuatro imperios mundiales —los babilonios, los medopersas, los griegos y los romanos— exactamente como predijo el profeta Daniel. Muchos otros posibles dictadores con sus miradas puestas en controlar al mundo han aparecido en escena desde el tiempo de Teodosio, el último de los emperadores romanos que gobernó sobre una Roma unificada. Sin embargo, las grandes maquinaciones de conquistar al mundo por parte de gente como Genghis Khan, Napoleón Bonaparte, Adolfo Hitler e Iósiv Stalin siempre terminaron en el fracaso. Las palabras proféticas de Daniel declararon que solo habría cuatro imperios… y, tal como lo predijo, solo hubo cuatro. Desde la perspectiva humana, ¿cómo pudo haber sabido Daniel eso con tantos siglos de anticipación?

> Entendiendo primero esto, que ninguna profecía de la
> Escritura es de interpretación privada, porque nunca la
> profecía fue traída por voluntad humana, sino que los

santos hombres de Dios hablaron siendo inspirados por el Espíritu Santo (2 Pedro 1.20-21).

Ya para la década de los noventa del siglo pasado, con la evidencia arqueológica que continuaba acumulándose, los escépticos prácticamente perdieron la esperanza de tratar de poner una fecha a las Escrituras del Antiguo Testamento que fuese posterior a la de origen aceptada en forma general. Un artículo de la revista *Time* de 1995 concedió que la información arqueológica moderna había «fortalecido la declaración de la Biblia de que tiene exactitud histórica» así como también de su temprana composición [6] (una de las pocas veces que esa revista tuvo algo positivo que decir sobre la Biblia). Como un pequeño ejemplo, el autor hace referencia a dos rollos de plata que se habían descubierto en un sepulcro de Jerusalén:

Se les puso como fecha el año 600 A.C., poco antes de la destrucción del templo de Salomón y el exilio de los israelitas en Babilonia. Cuando los científicos desenrollaron cuidadosamente los manuscritos en el Museo de Israel, hallaron una bendición sacerdotal del libro de Números grabada en su superficie. El descubrimiento puso en claro que partes del Antiguo Testamento estaban siendo copiadas mucho antes que algunos escépticos hubiesen creído que siquiera estaban escritas.[7]

Anunciación del Mesías

Es evidente que el tema más importante de la profecía del Antiguo
Testamento tiene que ver con la aparición del Mesías. Más que nada,
parece que Dios quería informar a la gente con toda anticipación posible
acerca del Mesías, incluyendo cómo, cuándo y dónde aparecería en la
tierra. Para aquellos que tenían la mente atenta para recibir tal información, los efectos de las profecías eran verdaderamente transformadores
de vida. El evangelio de Lucas, por ejemplo, registra cómo Simeón anti-
cipó la llegada del Mesías en base a lo que entendía de las Escrituras
del Antiguo Testamento. No fue coincidencia que llegara al templo de
Jerusalén en el preciso momento en que José y María trajeron al bebé
Jesús por primera vez.

> Y he aquí había en Jerusalén un hombre llamado
> Simeón, y este hombre, justo y piadoso, esperaba la
> consolación de Israel; y el Espíritu Santo estaba sobre
> él. Y le había sido revelado por el Espíritu Santo, que
> no vería la muerte antes que viese al Ungido del Señor.
> Y movido por el Espíritu, vino al templo. Y cuando los
> padres del niño Jesús lo trajeron al templo, para hacer
> por él conforme al rito de la ley, él le tomó en sus brazos,
> y bendijo a Dios, diciendo: Ahora, Señor, despides a tu
> siervo en paz, Conforme a tu palabra; Porque han visto
> mis ojos tu salvación, La cual has preparado en presencia
> de todos los pueblos; Luz para revelación a los gentiles,
> Y gloria de tu pueblo Israel (Lucas 2.25-32).

Desgraciadamente, los líderes religiosos de ese entonces no percibie-
ron eso en lo absoluto. El grupo que más que ningún otro debió haber

reconocido la aparición del Mesías a causa de su «conocimiento» de las Escrituras se rehusó a aceptarlo. Es más, cuando Jesús llegó a la escena años después como adulto, ellos fueron bastante hostiles por no decir nada peor. Y no fue simplemente falta de conocimiento o de familiaridad con las Escrituras lo que era el problema. Para ellos, era un asunto del corazón, no de la cabeza. Al dirigirse a esos líderes religiosos, Jesús declaró:

> Ni tenéis su palabra morando en vosotros; porque a quien él envió, vosotros no creéis (Juan 5.38).

Profecías cumplidas

En su libro titulado *The Life and Times of Jesus the Messiah* [La vida y tiempos de Jesús el Mesías], el autor del siglo XIX, Alfred Edersheim dijo haber hallado 456 pasajes mesiánicos en el Antiguo Testamento. Si eliminamos los repetidos, todavía nos quedan más de cien profecías distintas que describen en detalle la aparición inicial del Mesías que iba a venir a la tierra.[8] Jesucristo, por supuesto, cumplió todas ellas.

El alumbramiento virginal del Mesías

La primera profecía de la Biblia se puede encontrar muy cerca del principio, en el tercer capítulo del libro de Génesis, y predice un aspecto singular del nacimiento del Mesías...

> Y Jehová Dios dijo a la serpiente: Por cuanto esto hiciste,
> maldita serás entre todas las bestias y entre todos los
> animales del campo; sobre tu pecho andarás, y polvo
> comerás todos los días de tu vida. Y pondré enemistad
> entre ti y la mujer, y entre tu simiente y la simiente suya;
> ésta te herirá en la cabeza, y tú le herirás en el calcañar
> (Génesis 3.14-15).

Rabinos y eruditos de todos los siglos han aceptado que la referencia al futuro Mesías viene de «la descendencia de la mujer» y que significa que nacería de una virgen.

> Por tanto, el Señor mismo os dará señal: He aquí que
> la virgen concebirá, y dará a luz un hijo, y llamará su
> nombre Emanuel (Isaías 7.14).

Como todos sabemos, el ser humano concibe utilizando el óvulo de la madre y el esperma (simiente) del padre. Pero los evangelios del Nuevo Testamento dejan bien en claro que Jesús no tuvo padre humano, el Espíritu Santo plantó milagrosamente la simiente dentro de María. Por lo tanto, tenemos la referencia poco común de «su descendencia» en Génesis. (Por cierto, esto ha hecho que algunos teólogos concluyeran que el «gen» del pecado lo transmite el varón de nuestra especie. Puesto que Jesús fue concebido sin padre humano, esto podría explicar cómo la completamente humana María pudo dar a luz a un Mesías sin pecado. Otros, como el doctor M. R. DeHaan, creen que Dios proveyó tanto el óvulo *como* el esperma para dar origen al futuro Mesías, de este modo considerando a María como la «incubadora» o «madre sustituta» que proveería vida y alimento a Jesús mientras crecía dentro de ella. En cualquiera de ambos casos, Jesús nacería sin la contaminación de la naturaleza adámica y por lo tanto podía expiar los pecados del mundo con su sangre impecable.)

La documentación de Mateo del alumbramiento virginal de Jesús lo identifica claramente como el cumplimiento de la profecía de Isaías escrita 700 años antes:

> El nacimiento de Jesucristo fue así: Estando desposada María su madre con José, antes que se juntasen, se halló que había concebido del Espíritu Santo. José su marido, como era justo, y no quería infamarla, quiso dejarla secretamente. Y pensando él en esto, he aquí un ángel del Señor le apareció en sueños y le dijo: José, hijo de David, no temas recibir a María tu mujer, porque lo que en ella es engendrado, del Espíritu Santo es. Y dará a luz un hijo, y llamarás su nombre JESÚS, porque él salvará a su pueblo de sus pecados. Todo esto aconteció para que se cumpliese lo dicho por el Señor por medio del profeta, cuando dijo: He aquí, una virgen concebirá y dará a luz un hijo, y llamarás su nombre Emanuel, que traducido es: Dios con nosotros (Mateo 1.18-23).

La genealogía del Mesías

Numerosas profecías en el Antiguo Testamento predicen el linaje genealógico del cual al final iba a venir el Mesías. Estos ancestros mesiánicos incluyen a Sem (Génesis 11.10), Abraham (Génesis 12.7), Isaac (Génesis 17.19), Jacob (Génesis 28.13), Judá (Génesis 49.10), y David (Isaías 9.7), para nombrar solo unos cuantos. Debe entenderse que la lista de posibles candidatos a Mesías se acortó con cada generación subsiguiente hasta que nos quedamos con Jesús como el único capaz de cumplir todas las profecías genealógicas. La historia de la familia de Jesús se confirma en el primer capítulo del libro de Mateo (del lado de José) y en el tercer capítulo del libro de Lucas (del lado de María).

El nacimiento del Mesías en Belén

El profeta Miqueas predijo que el Mesías iba a nacer en el pequeño pueblo de Belén.

> Pero tú, Belén Efrata, pequeña para estar entre las familias de Judá, de ti me saldrá el que será Señor en Israel; y sus salidas son desde el principio, desde los días de la eternidad (Miqueas 5.2).

José y María no vivían en Belén, pero fueron forzados a viajar allá debido a las leyes tributarias justo cuando ella estaba a punto de dar a luz. El hecho de que María, que con más probabilidad caminó o montó un burro, no tuvo el parto durante el extenuante viaje de ciento cincuenta kilómetros sobre terreno escabroso ¡fue en sí un milagro! El segundo capítulo, tanto del Evangelio de Mateo como de Lucas, confirma que Jesús realmente nació en Belén:

> Cuando Jesús nació en Belén de Judea en días del rey Herodes, vinieron del oriente a Jerusalén unos magos, diciendo: ¿Dónde está el rey de los judíos, que ha nacido? Porque su estrella hemos visto en el oriente, y venimos a adorarle. Oyendo esto, el rey Herodes se turbó, y toda

Jerusalén con él. Y convocados todos los principales sacerdotes, y los escribas del pueblo, les preguntó dónde había de nacer el Cristo. Ellos le dijeron: En Belén de Judea; porque así está escrito por el profeta: Y tú, Belén, de la tierra de Judá, No eres la más pequeña entre los príncipes de Judá; Porque de ti saldrá un guiador, Que apacentará a mi pueblo Israel (Mateo 2.1-6).

La huida a Egipto del Mesías

Además de su nacimiento profetizado en Belén, otra curiosa predicción implicó que el Mesías también saldría de Egipto:

«Cuando Israel era muchacho, yo lo amé, y de Egipto llamé a mi hijo» (Oseas 11.1).

La advertencia que le hizo Dios a José de tomar rápidamente a su esposa y su Hijo recién nacido e ir a Egipto no solo salvó la vida de Jesús, sino que cumplió simultáneamente la profecía de Oseas:

Después que partieron ellos, he aquí un ángel del Señor apareció en sueños a José y dijo: Levántate y toma al niño y a su madre, y huye a Egipto, y permanece allá hasta que yo te diga; porque acontecerá que Herodes buscará al niño para matarlo. Y él, despertando, tomó de noche al niño y a su madre, y se fue a Egipto, y estuvo allá hasta la muerte de Herodes; para que se cumpliese lo que dijo el Señor por medio del profeta, cuando dijo: De Egipto llamé a mi Hijo. Herodes entonces, cuando se vio burlado por los magos, se enojó mucho, y mandó matar a todos los niños menores de dos años que había en Belén y en todos sus alrededores, conforme al tiempo que había inquirido de los magos. Entonces se cumplió lo que fue dicho por el profeta Jeremías, cuando dijo: Voz fue oída en Ramá, Grande lamentación, lloro y gemido; Raquel que llora a sus hijos, Y no quiso ser consolada, porque perecieron (Mateo 2.13-18).

Increíblemente, esta sección del segundo capítulo de Mateo registra el cumplimiento de tres profecías principales: (1) el Mesías nacería en Belén, (2) el Mesías sería llamado a salir de Egipto, y (3) el intenso luto en la tierra como resultado de la pérdida de vida inocente debido a la orden de Herodes de matar a todos los niños varones de dos años o menos.

El precursor del Mesías

Dos profetas hebreos, Isaías y Malaquías, predijeron que habría un precursor del Mesías, alguien que iba a preparar el camino y anunciar al mundo que el Mesías estaba por aparecer. Ese rol lo cumplió un hombre conocido como Juan el Bautista.

A propósito, parte del juicio de Dios en contra de Israel por su apostasía fue quitar la voz profética de sus profetas. En consecuencia, Israel no escucharía de Dios por medio de un profeta durante 400 años (de ahí el espacio de 400 años entre el Antiguo y el Nuevo Testamento). Un motivo detrás de la pronta aceptación de Juan el Bautista por parte de los israelitas fue llenar ese vacío espiritual. Cuando Juan entró al mundo predicando arrepentimiento y bautismo, miles acudieron a él como profeta de Dios:

> He aquí, yo envío mi mensajero, el cual preparará el camino delante de mí; y vendrá súbitamente a su templo el Señor a quien vosotros buscáis, y el ángel del pacto, a quien deseáis vosotros. He aquí viene, ha dicho Jehová de los ejércitos (Malaquías 3.1).

> Voz que clama en el desierto: Preparad camino a Jehová; enderezad calzada en la soledad a nuestro Dios. Todo valle sea alzado, y bájese todo monte y collado; y lo torcido se enderece, y lo áspero se allane. Y se manifestará la gloria de Jehová, y toda carne juntamente la verá; porque la boca de Jehová ha hablado (Isaías 40.3-5).

El Evangelio de Lucas registra el cumplimiento de la profecía de Isaías identificando a Juan el Bautista como la «voz del que clama en el desierto»:

> Entonces Dios le habló a Juan, el hijo de Zacarías, en el desierto. Juan fue entonces por toda la región del Jordán predicando a todos que debían ser bautizados y arrepentirse, para que Dios les perdonara sus pecados. Eso fue lo que estaba escrito de él en el libro del profeta Isaías: «Vino palabra de Dios a Juan, hijo de Zacarías, en el desierto. Y él fue por toda la región contigua al Jordán,

predicando el bautismo del arrepentimiento para perdón de pecados, como está escrito en el libro de las palabras del profeta Isaías, que dice: Voz del que clama en el desierto: Preparad el camino del Señor; Enderezad sus sendas. Todo valle se rellenará, Y se bajará todo monte y collado; Los caminos torcidos serán enderezados, Y los caminos ásperos allanados; Y verá toda carne la salvación de Dios» (Lucas 3.2-6).

Juan era tenido en gran estima, no solo por aquellos que lo conocían, sino por Jesús mismo, quien identificó al Bautista como el cumplimiento de la profecía de Malaquías:

Mientras ellos se iban, comenzó Jesús a decir de Juan a la gente: ¿Qué salisteis a ver al desierto? ... ¿A un profeta? Sí, os digo, y más que profeta. Porque éste es de quien está escrito: He aquí, yo envío mi mensajero delante de tu faz, El cual preparará tu camino delante de ti. De cierto os digo: Entre los que nacen de mujer no se ha levantado otro mayor que Juan el Bautista (Mateo 11.7, 9-11).

La presentación del propio Mesías a Israel

Casi seiscientos años antes que naciera Jesús, el profeta Daniel nos dio una indicación de cuándo aparecería el Mesías en la tierra:

> Setenta semanas están determinadas sobre tu pueblo y
> sobre tu santa ciudad, para terminar la prevaricación,
> y poner fin al pecado, y expiar la iniquidad, para traer
> la justicia perdurable, y sellar la visión y la profecía, y
> ungir al Santo de los santos. Sabe, pues, y entiende, que
> desde la salida de la orden para restaurar y edificar a
> Jerusalén hasta el Mesías Príncipe, habrá siete semanas,
> y sesenta y dos semanas; se volverá a edificar la plaza y el
> muro en tiempos angustiosos (Daniel 9.24-25).

Con un poquito de trabajo detectivesco, se puede revelar fácilmente esta importante profecía. El término hebreo «heptads» traducido aquí como *semanas* es numérico y significa literalmente *unidades de siete*, lo cual es similar a nuestra palabra «par» que significa *dos* o «docena» que significa *doce*. El contexto deja en claro que nos estamos refiriendo a un número específico de años con respecto a estas «unidades de siete»... sesenta y nueve para ser precisos, al cual llegamos al añadir siete a sesenta y dos. Sesenta y nueve unidades de siete años es igual a 483 años. El decreto para reconstruir a Jerusalén mencionado en esta profecía lo dio Artajerjes en el años 444 A.C. (Nehemías capítulo 2). Al utilizar el calendario hebreo normal de 360 días, podemos determinar que el Mesías profetizado hubiera tenido que aparecer a más tardar el año 33 A.D. ¡que es el mismo tiempo en que Jesús fue crucificado en Jerusalén! Esta profecía establece claramente que no hay otro candidato lógico para el Mesías hebreo que Jesús de Nazaret.

Esto se pone mejor. Una semana antes de la crucifixión, Jesús entró a Jerusalén montado en un asno y se presentó a Israel como su Mesías exactamente como el profeta Zacarías lo predijo:

Alégrate mucho, hija de Sion; da voces de júbilo, hija
de Jerusalén; he aquí tu rey vendrá a ti, justo y salvador,
humilde, y cabalgando sobre un asno, sobre un pollino
hijo de asna (Zacarías 9.9).

El onceavo capítulo del Evangelio de Marcos identifica la profecía
de Zacarías como que se estaba cumpliendo en esa tarde en particular
la cual, como resultó, ¡fue *483 años desde el día* en que Artajerjes dio el
decreto de reconstruir a Jerusalén!

La profecía completa de Daniel indica un total de setenta unidades
de siete o 490 años con un intervalo entre la unidad sesenta y nueve y
la setenta, lo que deja un período de siete años que aún no se ha cumplido. Puesto que los primeros 483 años se cumplieron históricamente,
podemos esperar que los últimos siete años también. El último período
de siete años por venir se ha designado como la tribulación, mencionado
cuarenta y nueve veces por los profetas hebreos y descrito en detalle en el
libro de Apocalipsis. Y así como el primer período de 483 años concluyó
con la entrada triunfal del Mesías a Jerusalén, ¡también el último período
de siete años concluirá con la Segunda Venida de Cristo![9]

El Mesías es traicionado

Hay muchas profecías en el Antiguo Testamento concernientes a la traición del Mesías, su silencio ante sus acusadores, su ejecución, su sepultura
y su resurrección. Jesús, por supuesto, estaba familiarizado con ellas y
sabía desde el principio que era su destino que todas ellas se cumpliesen.
La mayoría de esas profecías son increíblemente específicas. Tome por
ejemplo aquellas que giran en torno a Jesús siendo traicionado por su
propio amigo y discípulo Judas:

La profecía:

Aun el hombre de mi paz, en quien yo confiaba, el que de mi pan comía, Alzó contra mí el calcañar (Salmos 41.9).

El cumplimiento:

Respondió Jesús: A quien yo diere el pan mojado, aquél es. Y mojando el pan, lo dio a Judas Iscariote hijo de Simón (Juan 13.26).

La profecía:

Y les dije: Si os parece bien, dadme mi salario; y si no, dejadlo. Y pesaron por mi salario treinta piezas de plata (Zacarías 11.12).

El cumplimiento:

Entonces uno de los doce, que se llamaba Judas Iscariote, fue a los principales sacerdotes, y les dijo: ¿Qué me queréis dar, y yo os lo entregaré? Y ellos le asignaron treinta piezas de plata (Mateo 26.14-15).

La profecía:

Y me dijo Jehová: Échalo al tesoro; ¡hermoso precio con que me han apreciado! Y tomé las treinta piezas de plata, y las eché en la casa de Jehová al tesoro (Zacarías 11.13).

El cumplimiento:

Entonces Judas, el que le había entregado, viendo que era condenado, devolvió arrepentido las treinta piezas de plata a los principales sacerdotes y a los ancianos, diciendo: Yo he pecado entregando sangre inocente. Mas ellos dijeron: ¿Qué nos importa a nosotros? ¡Allá tú! Y arrojando las piezas de plata en el templo, salió, y fue y se ahorcó. Los principales sacerdotes, tomando las piezas de plata, dijeron: No es lícito echarlas en el tesoro de las ofrendas, porque es precio de sangre. Y después de consultar, compraron con ellas el campo del alfarero, para sepultura de los extranjeros (Mateo 27.3-7).

El silencio del Mesías

La profecía:

Angustiado él, y afligido, no abrió su boca; como cordero fue llevado al matadero; y como oveja delante de sus trasquiladores, enmudeció, y no abrió su boca (Isaías 53.7).

El cumplimiento:

Y siendo acusado por los principales sacerdotes y por los ancianos, nada respondió. Pilato entonces le dijo: ¿No oyes cuántas cosas testifican contra ti? Pero Jesús no le respondió ni una palabra; de tal manera que el gobernador se maravillaba mucho (Mateo 27.12-14).

La crucifixión del Mesías

La profecía:

Y derramaré sobre la casa de David, y sobre los moradores de Jerusalén, espíritu de gracia y de oración; y mirarán a mí, a quien traspasaron, y llorarán como se llora por hijo unigénito, afligiéndose por él como quien se aflige por el primogénito (Zacarías 12.10).

El cumplimiento:

Pero uno de los soldados le abrió el costado con una lanza, y al instante salió sangre y agua (Juan 19.34).

La profecía:

Repartieron entre sí mis vestidos, Y sobre mi ropa echaron suertes (Salmos 22.18).

El cumplimiento:

Cuando le hubieron crucificado, repartieron entre sí sus vestidos, echando suertes, para que se cumpliese lo dicho por el profeta: Partieron entre sí mis vestidos, y sobre mi ropa echaron suertes (Mateo 27.35).

La profecía:

Dios mío, Dios mío, ¿por qué me has desamparado? ¿Por qué estás tan lejos de mi salvación, y de las palabras de mi clamor? (Salmo 22.1).

El cumplimiento:

Cerca de la hora novena, Jesús clamó a gran voz, diciendo: Elí, Elí, ¿lama sabactani? Esto es: Dios mío, Dios mío, ¿por qué me has desamparado? (Mateo 27.46).

La profecía:

Él guarda todos sus huesos; Ni uno de ellos será quebrantado (Salmos 34.20).

El cumplimiento:

Vinieron, pues, los soldados, y quebraron las piernas al primero, y asimismo al otro que había sido crucificado con él. Mas cuando llegaron a Jesús, como le vieron ya muerto, no le quebraron las piernas (Juan 19.32-33).

La sepultura del Mesías

La profecía:

Y se dispuso con los impíos su sepultura, mas con los ricos fue en su muerte; aunque nunca hizo maldad, ni hubo engaño en su boca (Isaías 53.9).

El cumplimiento:

Cuando llegó la noche, vino un hombre rico de Arimatea, llamado José, que también había sido discípulo de Jesús. Este fue a Pilato y pidió el cuerpo de Jesús. Entonces Pilato mandó que se le diese el cuerpo. Y tomando José el cuerpo, lo envolvió en una sábana limpia, y lo puso en su sepulcro nuevo, que había labrado en la peña; y después de hacer rodar una gran piedra a la entrada del sepulcro, se fue (Mateo 27.57-60).

La resurrección del Mesías

La profecía:

Porque no dejarás mi alma en el Seol, Ni permitirás que tu santo vea corrupción (Salmo 16.10).

El cumplimiento:

Viéndolo antes, habló de la resurrección de Cristo, que su alma no fue dejada en el Hades, ni su carne vio corrupción. A este Jesús resucitó Dios, de lo cual todos nosotros somos testigos (Hechos 2.31-32).

Después de su resurrección, Jesús se encontró con dos hombres caminando hacia el pueblo de Emaús. A pesar de que no reconocieron a Jesús al principio, estaban bastante familiarizados con los hechos que condujeron a la crucifixión de un hombre que había puesto de cabeza a Jerusalén durante los tres años y medio anteriores. Usando las Escrituras del Antiguo Testamento, Jesús pudo probarles que el hombre que había sido crucificado era realmente el Mesías profetizado. Y no fue sino hasta después que se apartó de ellos que los hombres se dieron cuenta de que habían estado hablando todo ese tiempo con el propio Mesías resucitado.[10]

¿Podría ser Él un fraude?

Estos ejemplos son solo un puñado de más de cien profecías mesiánicas que Jesús cumplió en toda su vida. Durante siglos, los escépticos, los racionalistas, los burlones y los secularistas han tratado de descartar tales declaraciones como una coincidencia o incluso fraude, ya que la idea de una profecía cumplida contradice su concepto *natural* del mundo. Y como estaremos examinando en el capítulo 8 de este libro, aquellos de creencia gnóstica han creado una industria como resultado de maquinar algunas de las teorías de la conspiración más ingeniosas que uno se pueda imaginar para tratar de despojar a Jesús de cualquier declaración posible que se refiera a su deidad o condición como Mesías.

Sin embargo, el sincero buscador de la verdad no debe tener miedo de examinar la pregunta que se refiere a si Jesús era un fraude o no. ¿Es posible que hubiera *cumplido más de cien profecías a la fuerza* para parecer el Mesías?

Supongo que es concebible (aunque obviamente no es típico) que todos los involucrados en confirmar el alumbramiento virginal pudieran haber mentido. Por otro lado, Jesús no pudo haber manipulado su historia ancestral, su nacimiento en Belén, o su viaje a Egipto como bebé para cumplir esas profecías. Jesús *pudo* haber arreglado por adelantado su entrada triunfante a la ciudad de Jerusalén encima de un asno en el día exacto para que coincidiera con las profecías de Daniel y Zacarías. Sin embargo, no pudo haber ingeniado su nacimiento para garantizar estar vivo durante el período de tiempo apropiado en la historia para cumplir con tal profecía.

Jesús ni siquiera estaba presente mientras las profecías implicadas en el pago a Judas se estaban desarrollando. Y hubiera sido ilógico que este (colaborando en secreto con los principales sacerdotes, ¡nada menos!)

cumpliera esas profecías extremadamente específicas para el beneficio de un hombre a quien estaba traicionando.

Aunque Jesús pudo haber clamado las palabras del salmista mientras colgaba en la cruz para cumplir a la fuerza la profecía confirmada en Mateo 27.46, hubiera tenido dificultad en manipular la perforación que le hicieron al costado, el sorteo al azar para ganarse sus vestidos, y el momento preciso de su muerte para evitar que le partiesen las piernas. ¿Y es lógico creer que alguien que está pasando por tal agonía estuviese preocupado en cumplir meticulosamente las miles de profecías antiguas (con fines fraudulentos) mientras estaba en el proceso de experimentar una muerte atroz?

Por último, Jesús tenía muchos enemigos durante el tiempo en que estuvo en la tierra y muchos de ellos tenían un conocimiento básico de las Escrituras del Antiguo Testamento. Todo lo que hubiesen necesitado hacer era impedir que Jesús cumpliera *solamente una* profecía y hubiera sido descalificado automáticamente como el Mesías. Sin embargo, nadie fue capaz de hacer eso.

¿Cuáles son las probabilidades?

¿Cuáles son las probabilidades matemáticas de que un hombre cumpla, ya sea por casualidad o manipulación, más de cien profecías escritas cientos de años antes de su nacimiento? El profesor y matemático Peter Stoner se hizo esa pregunta. Stoner era el jefe del departamento de matemáticas y astronomía de Pasadena City College, en California, durante muchos años antes de convertirse en profesor emérito de ciencia en Westmont College. Él calculó las probabilidades matemáticas de que un hombre cumpliera una porción de las profecías mesiánicas y dio a conocer los resultados de su investigación en una publicación titulada *Science Speaks: Scientific Proof of the Accuracy of Prophecy and the Bible* [La ciencia habla: Prueba científica de la precisión de la profecía y la Biblia].

Stoner concluyó que la probabilidad de que una persona cumpliera solo ocho profecías mesiánicas era una en diez a la 17va potencia o 100,000,000,000,000,000 a 1. Luego calculó que las probabilidades de que alguien cumpliera cuarenta y ocho de esas profecías era una en diez a la 157va potencia o 10,000,000,000,000,000,000,000,000,000,00 0,000,000,000,000,000,000,000,000,000,000,000,000,000,000,0 00,000,000,000,000,000,000,000,000,000,000,000,000,000,000, 000,000,000,000,000,000,000,000,000,000 a 1.[11] Este número es demasiado grande para comprenderlo.

Si basamos nuestra creencia solamente en la ciencia de las probabilidades matemáticas, Jesucristo se convierte, sin duda alguna, en el Mesías profetizado del Antiguo Testamento.

Cómo ver el futuro

Además de las profecías que indican que el Mesías sufriría y moriría por los pecados de toda la gente, un número de profecías también lo identifican como un rey destinado a regir sobre todos los gobiernos del mundo.

> Miraba yo en la visión de la noche, y he aquí con las nubes del cielo venía uno como un hijo de hombre, que vino hasta el Anciano de días, y le hicieron acercarse delante de él. Y le fue dado dominio, gloria y reino, para que todos los pueblos, naciones y lenguas le sirvieran;

su dominio es dominio eterno, que nunca pasará, y su reino uno que no será destruido (Daniel 7.13-14).

En base a las crónicas de la vida de Jesús tal como la registran los evangelios, es evidente que Él no cumplió ninguna profecía en cuanto a ser «rey» durante su primera aparición en la tierra. Estas forman parte del grupo de profecías aún por cumplirse que tendrán lugar durante *su Segunda Venida y posterior reinado milenario y eterno*. Para contribuir con la posible confusión, muchas profecías mesiánicas del Antiguo Testamento incluyen referencias *al siervo sufriente* y *el rey gobernante* dentro del mismo pasaje sin mencionar ningún intervalo separando a ambos:

Porque un niño nos es nacido, hijo nos es dado, y el principado sobre su hombro; y se llamará su nombre Admirable, Consejero, Dios Fuerte, Padre Eterno, Príncipe de Paz. Lo dilatado de su imperio y la paz no tendrán límite, sobre el trono de David y sobre su reino, disponiéndolo y confirmándolo en juicio y en justicia desde ahora y para siempre (Isaías 9.6-7).

Para entender completamente estas profecías debemos reconocer que el Mesías estaba destinado a hacer dos apariciones distintas en la tierra: la primera vez para entregarse como sacrificio por los pecados del mundo y la segunda para gobernar y reinar como heredero del trono de David. En el ejemplo de arriba, la primera parte de la profecía se refiere a su primera venida (un niño nos es nacido, hijo nos es dado) y el resto del pasaje se refiere a su Segunda Venida.

Los líderes religiosos de la época de Jesús no querían un Salvador martirizado que los salvara de sus pecados. Exigían un rey que derrocase al gobierno controlador inmediatamente y rigiera sobre las naciones. Ellos no se dieron cuenta de que necesitaban ser limpiados de sus pecados primero, junto con el resto del mundo. Solo cuando Jesús regrese a la tierra durante los últimos días, en poder y gloria, el resto de profecías que identifican al Mesías como rey se cumplirán.

Una profecía extremadamente interesante de Zacarías que se citó anteriormente en este capítulo representa al Mesías gobernante como el protector de Jerusalén que destruirá a aquellas naciones que vayan en su contra. Pero fíjese que también hay una referencia a la crucifixión, probando que el futuro Mesías gobernante y el Mesías crucificado son, por supuesto, la misma persona.

> Y en aquel día yo procuraré destruir a todas las naciones que vinieren contra Jerusalén. Y derramaré sobre la casa de David, y sobre los moradores de Jerusalén, espíritu de gracia y de oración; y mirarán a mí, a quien traspasaron, y llorarán como se llora por hijo unigénito, afligiéndose por él como quien se aflige por el primogénito (Zacarías 12.9-10).

Por eso toda persona que busque seriamente la verdad debe hacer un esfuerzo decidido por estudiar profecía bíblica. Puesto que los líderes religiosos que estaban al mando durante el tiempo de Cristo no entendieron completamente las Escrituras proféticas, no lo reconocieron como el Mesías cuando apareció por primera vez en la tierra. Hoy, a medida que nos acercamos a los *últimos días*, aquellos que rechazaron el estudio de la profecía igualmente no estarán preparados para la Segunda Venida de Jesús.

Capítulo cuatro

¿QUIÉN MÁS PUEDE HACER ESTAS COSAS?

Las profecías del Antiguo Testamento representaban al futuro Mesías como alguien que sería capaz de realizar milagros asombrosos. Esas «señales» subsiguientemente darían validez a los testigos oculares indicando que en verdad estaban ante la presencia del Mesías. Más que nada, los milagros de Jesucristo probaban sin duda alguna que era realmente quien decía ser: el Hijo de Dios.

> Decid a los de corazón apocado: Esforzaos, no temáis; he aquí que vuestro Dios viene con retribución, con pago; Dios mismo vendrá, y os salvará. Entonces los ojos de los ciegos serán abiertos, y los oídos de los sordos se abrirán. Entonces el cojo saltará como un ciervo, y cantará la lengua del mudo (Isaías 35.4-6).

Los sanó a todos

El Nuevo Testamento documenta casi cuarenta casos distintos en los que Jesús realizó algún tipo de milagro. Sin embargo, los milagros individuales que llevó a cabo tal vez llegaron a los miles durante su breve ministerio de tres años y medio. Obviamente, no había situación demasiado difícil para Él:

> Y descendió con ellos, y se detuvo en un lugar llano, en compañía de sus discípulos y de una gran multitud de gente de toda Judea, de Jerusalén y de la costa de Tiro y de Sidón, que había venido para oírle, y para ser sanados de sus enfermedades; y los que habían sido atormentados de espíritus inmundos eran sanados. Y toda la gente procuraba tocarle, porque poder salía de él y sanaba a todos (Lucas 6.17-19).

Los milagros de Jesús pueden dividirse en cinco categorías distintas. Según los registros de los evangelios, tenía el poder de manipular las leyes naturales, reproducir cosas, echar fuera demonios de la gente, sanar todo tipo de enfermedad al instante y resucitar muertos. Tal como Nicodemo, uno de los fariseos que estaban al mando, le admitió a Jesús después de ser testigo de algunos de sus milagros:

> Rabí, sabemos que has venido de Dios como maestro; porque nadie puede hacer estas señales que tú haces, si no está Dios con él (Juan 3.2).

Jesús mismo señalaba, con frecuencia, su capacidad para realizar milagros (u *obras,* como las llamaba a menudo) cual prueba de su deidad:

> Porque las obras que el Padre me dio para que cumpliese, las mismas obras que yo hago, dan testimonio de mí, que el Padre me ha enviado (Juan 5.36).

Agua en vino

El primer milagro público de Jesús implicó la manipulación de materia y se llevó a cabo en una boda a la que asistió su madre y algunos de sus discípulos. Cuando el maestresala se dio cuenta de que se le había agotado el vino, María le pidió a su Hijo que ayudara. Jesús la complació y mandó a los sirvientes de la boda que reuniesen seis tinajas que pudieran contener entre setenta y cien litros cada una:

> Jesús les dijo: Llenad estas tinajas de agua. Y las llenaron hasta arriba. Entonces les dijo: Sacad ahora, y llevadlo al maestresala. Y se lo llevaron. Cuando el maestresala probó el agua hecha vino, sin saber él de dónde era, aunque lo sabían los sirvientes que habían sacado el agua, llamó al esposo, y le dijo: Todo hombre sirve primero el buen vino, y cuando ya han bebido mucho, entonces el inferior; mas tú has reservado el buen vino hasta ahora. Este principio de señales hizo Jesús en Caná de Galilea,

y manifestó su gloria; y sus discípulos creyeron en Él
(Juan 2.7-11).

El milagro de convertir agua en vino en Caná preparó el escenario
para la plétora de milagros futuros. De ahí en adelante, el propósito de
cada milagro tenía dos partes: demostrar la compasión de Jesús por los
demás al resolver un problema personal y convencer de su deidad a los
que lo rodeaban.

No revuelva las cosas

A pesar de la grandeza del milagro involucrando el cambio del agua en
vino, parece ensombrecido un tanto en comparación con lo que sucede-
ría en el mar en los días que siguieron…

> Y entrando él en la barca, sus discípulos le siguieron.
> Y he aquí que se levantó en el mar una tempestad tan
> grande que las olas cubrían la barca; pero él dormía. Y
> vinieron sus discípulos y le despertaron, diciendo: ¡Señor,
> sálvanos, que perecemos! Él les dijo: ¿Por qué teméis,
> hombres de poca fe? Entonces, levantándose, reprendió
> a los vientos y al mar; y se hizo grande bonanza. Y los
> hombres se maravillaron, diciendo: ¿Qué hombre es
> éste, que aun los vientos y el mar le obedecen? (Mateo
> 8.23-27).

Los discípulos no podían creer lo que veían sus propios ojos. ¡Ese
hombre podía controlar el clima! Aun hoy, tormentas repentinas y

violentas pueden surgir en el mar de Galilea sin previo aviso. La reacción de esos experimentados pescadores ante las habilidades de Jesús era de esperarse, ya que ningún simple ser humano puede mandar al viento y las olas. Y si eso no fue suficiente, al poco rato surgió otra ocasión en la que los discípulos se hallaron a merced del traicionero mar una vez más. Solo que esta vez, Jesús se quedó atrás en tierra… por lo menos temporalmente:

> En seguida Jesús hizo a sus discípulos entrar en la barca e ir delante de él a la otra ribera, entre tanto que él despedía a la multitud. Despedida la multitud, subió al monte a orar aparte; y cuando llegó la noche, estaba allí solo. Y ya la barca estaba en medio del mar, azotada por las olas; porque el viento era contrario. Mas a la cuarta vigilia de la noche, Jesús vino a ellos andando sobre el mar. Y los discípulos, viéndole andar sobre el mar, se turbaron, diciendo: ¡Un fantasma! Y dieron voces de miedo. Pero en seguida Jesús les habló, diciendo: ¡Tened ánimo; yo soy, no temáis! (Mateo 14.22-27).

Todo lo que usted pueda comer

En dos ocasiones, Jesús demostró que podía alimentar a una multitud multiplicando de manera sobrenatural una pequeña cantidad de pescado y pan. La primera vez alimentó milagrosamente a cinco mil hombres y sus familias hasta que todos se llenaron con solo dos pescados y cinco panes. Aparte de la resurrección misma, este es el único milagro reportado en cada uno de los cuatro evangelios, destacando de ese modo su importancia para los escritores de los evangelios:[1]

> Y ellos dijeron: No tenemos aquí sino cinco panes y dos peces. Él les dijo: Traédmelos acá. Entonces mandó a la gente recostarse sobre la hierba; y tomando los cinco panes y los dos peces, y levantando los ojos al cielo, bendijo, y partió y dio los panes a los discípulos, y los discípulos a la multitud. Y comieron todos, y se saciaron; y recogieron lo que sobró de los pedazos, doce cestas llenas. Y los que comieron fueron como cinco mil hombres, sin contar las mujeres y los niños (Mateo 14.17-21).

En la segunda ocasión, Jesús alimentó a cuatro mil hombres y sus familias de manera similar.[2] En toda la historia universal, jamás se ha realizado este tipo de milagro, ni se diga delante de tantos testigos oculares.

Declarado loco

La posesión demoníaca ha plagado a la humanidad desde que el mundo fue creado. Ciertas culturas han sido más susceptibles a la actividad demoníaca que otras, sin embargo no hay una sola área en el mundo que haya permanecido inmune. Ningún otro tema ha provocado tantas opiniones distintas y generado tanto escarnio, controversia y confusión.

La teología judeocristiana clasifica a los demonios como ángeles caídos, que son esos seres angelicales que, cierta vez en el pasado distante, se rebelaron colectivamente en contra de Dios y luego fueron arrojados del cielo.[3] Por lo general no se ven, estos seres son espíritus engañadores cuya meta es causar estragos en la raza humana plantando mentiras en la mente de la gente, entre otras actividades dañinas. Si se les da la oportunidad, un demonio puede hacer su morada dentro de un anfitrión humano.

La gente que ha sido tomada por completo por un demonio puede parecer perfectamente normal un minuto y violentamente autodestructiva el siguiente. Pueden gritar de repente, hablar con una voz extraña o acento extranjero, vociferar obscenidades o blasfemias, o incluso perder el control de su cuerpo en un ataque tipo epiléptico. Con frecuencia, tales personas se despiertan de un episodio sin recordar lo más mínimo.[4] Aunque los espíritus demoníacos pueden parecer intimidantes a primera vista, se estremecen de miedo cuando se les confronta con el poder del nombre de Jesucristo.

No está claro qué es lo que realmente da origen a una posesión demoníaca, aunque ciertos tipos de conducta como la rebelión contra Dios, las prácticas de meditación de las religiones orientales, el ocultismo, la brujería, el satanismo o algunas clases de drogas pueden hacer posible que eso le suceda a una persona. La palabra griega que se traduce como *brujería* en la Biblia es *pharmakia,* de la cual se deriva el vocablo *farmacia.* Desde una perspectiva bíblica, la brujería y el uso de drogas son sinónimos, lo cual es algo que hace pensar considerando el nivel del abuso de drogas (tanto legales como ilegales) en nuestra cultura actual.[5]

Se ha vuelto cada vez más de moda relegar la idea de la posesión demoníaca al mundo del mito en nuestra cultura moderna. El siglo XX trajo consigo la reclasificación de la siquiatría como ciencia cierta y la categorización de los trastornos mentales como enfermedades. La demencia, la esquizofrenia y las personalidades múltiples se han convertido en las nuevas definiciones de aquellos que a veces exhiben síntomas antiguos de posesión demoníaca. Mucha gente que sufre de tales trastornos ahora recibe, de modo rutinario, medicamentos que alteran la mente, lo que a veces puede ser contraproducente e intensificar el problema.

Durante el tiempo que Jesús estuvo en la tierra, la posesión demoníaca en esa área del Medio Oriente era bastante común. Su primer encuentro con un hombre poseído por el demonio sucedió en una sinagoga en la ciudad de Capernaum. Fíjese, en este pasaje, cómo sabía el demonio exactamente quién era Jesús:

> Pero había en la sinagoga de ellos un hombre con espíritu inmundo, que dio voces, diciendo: ¡Ah! ¿qué tienes con nosotros, Jesús nazareno? ¿Has venido para destruirnos? Sé quién eres, el Santo de Dios. Pero Jesús le reprendió, diciendo: ¡Cállate, y sal de él! Y el espíritu inmundo, sacudiéndole con violencia, y clamando a gran voz, salió de él. Y todos se asombraron, de tal manera que discutían entre sí, diciendo: ¿Qué es esto? ¿Qué nueva doctrina es esta, que con autoridad manda aun a los espíritus inmundos, y le obedecen? Y muy pronto se difundió su fama por toda la provincia alrededor de Galilea (Marcos 1.23-28).

A medida que aumentaba la fama de Jesús, muchos le traían personas poseídas por el demonio para que las sanara, lo cual hacía. Los líderes religiosos, no obstante, se rehusaron a creer que el poder que estaba mostrando Jesús era de Dios:

> Mientras salían ellos, he aquí, le trajeron un mudo, endemoniado. Y echado fuera el demonio, el mudo habló; y la gente se maravillaba, y decía: Nunca se ha visto cosa semejante en Israel. Pero los fariseos decían: Por el príncipe de los demonios echa fuera los demonios (Mateo 9.32-34).

Observe que esos líderes religiosos no negaron que Jesús tenía poder para hacer milagros. Tampoco negaron que la fuente del poder era sobrenatural. ¡Su error fue atribuirlo a la fuente equivocada!

Un toque sanador

Quizás los milagros por los que Jesús era más conocido fueran las sanidades. La compasión y la habilidad de Jesús para sanar cuerpos quebrantados suscitaban que multitudes lo buscasen. Muchos creían correctamente que el Mesías tan esperado estaba en medio de ellos.

> Vino a él un leproso, rogándole; e hincada la rodilla, le dijo: Si quieres, puedes limpiarme. Y Jesús, teniendo misericordia de él, extendió la mano y le tocó, y le dijo: Quiero, sé limpio. Y así que él hubo hablado, al instante la lepra se fue de aquél, y quedó limpio (Marcos 1.40-42).

La manera en que Jesús efectuaba las sanidades variaba según el caso. A veces tocaba a la persona. Otras veces simplemente pronunciaba una palabra. A menudo, los que estaban siendo sanados ni siquiera estaban en su presencia, como fue el caso del siervo del centurión:

> Entrando Jesús en Capernaum, vino a él un centurión, rogándole, y diciendo: Señor, mi criado está postrado en casa, paralítico, gravemente atormentado. Y Jesús le dijo: Yo iré y le sanaré. Respondió el centurión y dijo: Señor, no soy digno de que entres bajo mi techo; solamente di la palabra, y mi criado sanará. Porque también yo soy hombre bajo autoridad, y tengo bajo mis órdenes solda-dos; y digo a éste: Ve, y va; y al otro: Ven, y viene; y a mi siervo: Haz esto, y lo hace. Al oírlo Jesús, se maravilló, y dijo a los que le seguían: De cierto os digo, que ni aun en Israel he hallado tanta fe … Entonces Jesús dijo al centurión: Ve, y como creíste, te sea hecho. Y su criado fue sanado en aquella misma hora (Mateo 8.5-10, 13).

En lugar de alabar a Dios por los milagros que se realizaban por la región, los líderes religiosos estaban lívidos. Jesús había sanado a mucha gente en el día de reposo, lo que ofendió grandemente a los fariseos, que estaban más interesados en guardar sus reglas que ver sanar a la gente. Como resultado, esos hombres empezaron a conspirar en contra de Jesús:

> Y había allí una mujer que desde hacía dieciocho años tenía espíritu de enfermedad, y andaba encorvada, y en ninguna manera se podía enderezar. Cuando Jesús la vio, la llamó y le dijo: Mujer, eres libre de tu enfermedad. Y puso las manos sobre ella; y ella se enderezó luego,

y glorificaba a Dios. Pero el principal de la sinagoga, enojado de que Jesús hubiese sanado en el día de reposo, dijo a la gente: Seis días hay en que se debe trabajar; en éstos, pues, venid y sed sanados, y no en día de reposo (Lucas 13.11-14).

Hágase la luz

Isaías profetizó en por lo menos cuatro ocasiones que el Mesías tendría poder para restaurar la vista.[6] En efecto, hay más casos registrados en el Nuevo Testamento de Jesús realizando este milagro que cualquier otro.

Pasando Jesús de allí, le siguieron dos ciegos, dando voces y diciendo: ¡Ten misericordia de nosotros, Hijo de David! Y llegado a la casa, vinieron a él los ciegos; y Jesús les dijo: ¿Creéis que puedo hacer esto? Ellos dijeron: Sí, Señor. Entonces les tocó los ojos, diciendo: Conforme a vuestra fe os sea hecho. Y los ojos de ellos fueron abiertos (Mateo 9.27-30).

El milagro más singular realizado por Jesús se halla en el octavo capítulo del libro de Marcos. Se refiere a la sanidad de un ciego en la ciudad de Betsaida. ¿Por qué es singular? Porque es el único ejemplo en el que Jesús sana a una persona en dos etapas. A simple vista parece que el primer intento de sanar al hombre no funcionó completamente. Pero, examinando un poco más, es evidente que una verdad médica muy importante estaba siendo revelada:

Vino luego a Betsaida; y le trajeron un ciego, y le rogaron que le tocase. Entonces, tomando la mano del ciego, le sacó fuera de la aldea; y escupiendo en sus ojos, le puso las manos encima, y le preguntó si veía algo. Él, mirando, dijo: Veo los hombres como árboles, pero los veo que andan. Luego le puso otra vez las manos sobre los ojos, y le hizo que mirase; y fue restablecido, y vio de lejos y claramente a todos (Marcos 8.22-25).

Jesús pudo haber sanado al hombre con la misma facilidad en un solo paso. Pero lo hizo deliberadamente en dos. ¿Por qué? Porque sanó dos condiciones distintas: la ceguera y otra condición médica que ni siquiera se comprendería hasta el siglo XX, conocida como agnosia.

Un hombre llamado Virgilio había estado ciego desde temprano en su niñez y recibió el implante de un lente cuando tuvo cincuenta años en 1991. Aunque la operación fue un éxito y se restauró su vista, la luz, el movimiento y el color que vio no tenían significado para él. Su cerebro no podía procesarlo. Es lo que se conoce como agnosia. Virgilio incluso dijo, en cierto momento, que cuando veía un árbol, tal objeto no tenía sentido para él. Se requirió una tremenda cantidad de tiempo antes que su cerebro pudiera aprender a procesar la información que le enviaban sus recientemente restaurados nervios ópticos. Algo que la gente con vista normal hace de forma automática durante su primer año de vida. La historia de Virgilio, a propósito, se convirtió en el tema principal de la película de 1999, *At First Sight* [A primera vista], con la actuación de Val Kilmer.[7]

En el primer paso de su milagro, Jesús restauró la vista del hombre; en el segundo, le sanó instantáneamente el cerebro para que pudiese procesar la nueva información. Marcos, escritor de uno de los evangelios, no pudo haber sabido de la agnosia 1900 años antes de su descubrimiento. La única gente que hubiera podido beneficiarse de la manera en que este pasaje está escrito son los lectores de hoy, los cuales están conscientes de esta condición médica en particular.[8]

Hombres que parecen árboles caminando no es tan solo una descripción poética; es una confirmación de autenticidad médica, discernible solo por el lector moderno. No hay manera posible en que este pasaje de la Escritura pueda considerarse simbólico o inventado. Lo que tenemos aquí es evidencia irrefutable de que ese milagro verdaderamente sucedió.

A medida que los milagros asombrosos continuaban aumentando, así también aumentaban los esfuerzos de los líderes religiosos por tratar de aplastarlos. Sin inmutarse, Jesús se ocupó de sus obras milagrosas. En una ocasión sanó a un hombre de una manera muy poco usual:

> Dicho esto, escupió en tierra, e hizo lodo con la saliva, y untó con el lodo los ojos del ciego, y le dijo: Ve a lavarte en el estanque de Siloé (que traducido es, Enviado). Fue entonces, y se lavó, y regresó viendo (Juan 9.6-7).

¿Fue la creación de lodo al mezclar tierra con saliva simplemente un rito extraño o tuvo Jesús un propósito al sanar al hombre usando este método? Puesto que el hombre había nacido ciego, ¿es posible que en realidad no tuviese ojos? ¿Creó Jesús un par para ese hombre usando el polvo de la tierra, de la misma manera en que Dios hizo a Adán del polvo? No podemos afirmarlo con certeza. Lo que sí podemos decir es que este milagro causó un escándalo entre los líderes religiosos:

Volvieron, pues, a preguntarle también los fariseos cómo había recibido la vista. Él les dijo: Me puso lodo sobre los ojos, y me lavé, y veo. Entonces algunos de los fariseos decían: Ese hombre no procede de Dios, porque no guarda el día de reposo. Otros decían: ¿Cómo puede un hombre pecador hacer estas señales? Y había disensión entre ellos (Juan 9.15-16).

El hombre que fue sanado se frustró tratando de explicarles, lo que le había ocurrido, a los líderes religiosos que estaban acosándolo implacablemente, esperando que cambiase su historia. Ellos no querían escuchar la verdad. Al fin, el hombre dijo lo obvio:

Desde el principio no se ha oído decir que alguno abriese los ojos a uno que nació ciego. Si éste no viniera de Dios, nada podría hacer (Juan 9.32-33).

Funeral cancelado

Sin duda, la serie de milagros más dramática que Jesús realizó tuvo que ver con su capacidad de resucitar a gente que había muerto. A pesar del gran progreso en el campo de la medicina, nadie jamás ha sido capaz de cancelar un funeral... excepto Jesús:

Cuando llegó cerca de la puerta de la ciudad, he aquí que llevaban a enterrar a un difunto, hijo único de su madre, la cual era viuda; y había con ella mucha gente de la ciudad. Y cuando el Señor la vio, se compadeció de ella, y le dijo: No llores. Y acercándose, tocó el féretro; y los que lo llevaban se detuvieron. Y dijo: Joven, a ti te digo, levántate. Entonces se incorporó el que había muerto, y comenzó a hablar. Y lo dio a su madre. Y todos tuvieron miedo, y glorificaban a Dios, diciendo: Un gran profeta se ha levantado entre nosotros; y: Dios ha visitado a su pueblo. Y se extendió la fama de él por toda Judea, y por toda la región de alrededor (Lucas 7.12-17).

Poco tiempo después, Jesús se encontró con un hombre llamado Jairo, líder de la sinagoga, cuya hija recién había muerto:

Mientras él les decía estas cosas, vino un hombre principal y se postró ante él, diciendo: Mi hija acaba de morir; mas ven y pon tu mano sobre ella, y vivirá. Y se levantó Jesús, y le siguió con sus discípulos ... Al entrar Jesús en la casa del principal, viendo a los que tocaban flautas, y la gente que hacía alboroto, les dijo: Apartaos, porque la niña no está muerta, sino duerme. Y se burlaban de él. Pero cuando la gente había sido echada fuera, entró, y tomó de la mano a la niña, y ella se levantó. Y se difundió la fama de esto por toda aquella tierra (Mateo 9.18-19; 23-26).

El milagro más poderoso de todos fue resucitar a su amigo Lázaro. Jesús estaba consciente de que Lázaro había muerto; sin embargo, se tomó su tiempo para llegar al lugar donde estaba el sepulcro. En realidad, cuando llegó allí, Lázaro ya había muerto y sido sepultado en una cueva por cuatro días. Las hermanas de Lázaro, María y Marta, creían que Jesús había llegado demasiado tarde:

> Dijo Jesús: Quitad la piedra. Marta, la hermana del que había muerto, le dijo: Señor, hiede ya, porque es de cuatro días. Jesús le dijo: ¿No te he dicho que si crees, verás la gloria de Dios? Entonces quitaron la piedra de donde había sido puesto el muerto. Y Jesús, alzando los ojos a lo alto, dijo: Padre, gracias te doy por haberme oído. Yo sabía que siempre me oyes; pero lo dije por causa de la multitud que está alrededor, para que crean que tú me has enviado. Y habiendo dicho esto, clamó a gran voz: ¡Lázaro, ven fuera! Y el que había muerto salió, atadas las manos y los pies con vendas, y el rostro envuelto en un sudario. Jesús les dijo: Desatadle, y dejadle ir (Juan 11.39-44).

Para los líderes religiosos, resucitar a Lázaro fue el colmo. Los fariseos ya no podían más. De ahí en adelante tramaron matar a Jesús. Es interesante ver cómo dos grupos diferentes de gente podían ver el mismo acontecimiento y tener dos reacciones opuestas. Si bien muchos de los que fueron testigos de ese asombroso milagro creyeron en Jesús, otros querían verlo muerto. De muchas formas, es la misma reacción que recibe Jesús en la actualidad. Unos creen en Él, otros lo rechazan. Unos lo aman, otros lo desprecian.

Debe destacarse que los enemigos de Jesús nunca negaron que hubiese realizado esos milagros. Muchos los habían visto con sus propios ojos.

Incluso ahora, dos mil años después, la evidencia de que esos milagros realmente sucedieron sigue siendo abrumadora.

Cortados con tijeras

A través de los siglos, algunas personas se han sentido incómodas con la idea de los milagros. David Hume fue un filósofo escocés del siglo XVIII y uno de los primeros de la era moderna en desarrollar una filosofía puramente *naturalista*.[9] Su oposición a los milagros era compartida por otros, incluido Thomas Jefferson, el tercer presidente de los Estados Unidos. Jefferson estaba tan convencido de que los milagros de Jesús no eran nada más que un mito que en realidad los quitó juntamente con otras referencias sobrenaturales de su copia personal de la Biblia ¡con un par de tijeras![10] Su versión redactada se publicó posteriormente como La Biblia Jefferson, que al final no tuvo público.

El Seminario Jesús es un grupo de unos cien a doscientos eruditos liberales que se reúnen dos veces al año con el propósito exclusivo de criticar el Nuevo Testamento. Fundado en 1985 por Robert Funk y John Crossan, el grupo ha recibido una tremenda cantidad de promoción de todas las principales cadenas de televisión[11] juntamente con importantes publicaciones noticiosas como *Time, Newsweek* y *U.S. News & World Report*, las cuales en los últimos años han utilizado con regularidad al grupo como parte de sus diversas campañas antibíblicas.

El seminario cree que la mayor parte del Nuevo Testamento carece de exactitud. ¿Cómo llegaron a esa conclusión? ¿Examinaron alguna evidencia? ¿Visitaron algunos sitios arqueológicos? No... *simplemente votaron si creían que cierto pasaje de la Biblia era verdadero o no*. Partieron de la premisa de que el nacimiento virginal, la deidad de Cristo, la expiación de Jesús por los pecados y su resurrección eran falsos, concluyendo que cualquier Escritura que apoyase esos conceptos también debe carecer de exactitud.[12]

La primera publicación del grupo, *The Five Gospels: The Search for the Authentic Words of Jesus* [Los cinco evangelios: La búsqueda de las palabras auténticas de Jesús], realizada en 1993, elevó al evangelio gnóstico de Tomás, un supuesto evangelio «perdido», por encima de los cuatro evangelios que contiene la Biblia[13](véase capítulo 8 para mayor información). Para el año 1998, el grupo había descartado casi todo suceso relevante documentado en el Nuevo Testamento, como lo demuestra su segunda publicación, *The Acts of Jesus: The Search for the Authentic Deeds of Jesus* [Los hechos de Jesús: La búsqueda de las obras auténticas de Jesús]. Según este libro, Jesús nunca convirtió el agua en vino, ni caminó sobre el agua, ni alimentó a las multitudes, ni resucitó a Lázaro de entre los muertos.[14] Además, creían que jamás sanó realmente a nadie, ya que las aflicciones de cada persona mencionada en las Escrituras fueron todas «psicosomáticas».

Hablaba metafóricamente

Según los gnósticos, ateos, teólogos liberales y escépticos, se cree que los milagros de Jesús fueron por naturaleza mayormente alegóricos. Sus obras, como las registran las Escrituras, se supone que son pura ficción y se les considera como métodos pedagógicos en lugar de hechos reales. Bajo esa presuposición, sanar a los ciegos se convierte en una metáfora de la apertura de uno mismo a la verdad; sanar al paralítico se convierte en un método para rectificar la falta de acción; sanar lepra simboliza la eliminación de la estigma social y así sucesivamente.

Hoy, aquellos que están obsesionados con tratar de quitarle a Jesús cualquier declaración de deidad al final se hallan haciéndole la guerra no solo a la Biblia y sus milagros documentados, sino a Dios mismo. Como Creador de las leyes naturales que gobiernan el universo, Dios no está limitado lógicamente por esas normas y, por tanto, es capaz de actuar fuera de ellas si así lo decide. Decir simplemente que uno *no cree* en milagros sobrenaturales no prueba nada. Uno tendría que probar que no hay Dios para decir que los milagros son imposibles. ¡Y hasta ahora, nadie ha podido hacer eso!

Capítulo cinco

EL PROFETA MÁS GRANDE

Moisés se destaca como uno de los héroes más preeminentes de la tradición judeocristiana. Los judíos especialmente lo reverencian como el más grande de todos los líderes de Israel. No solo fue un profeta por excelencia, también fue maestro y el dador de la ley que pudo salvar a su pueblo de aquellos que trataron de destruirlos y esclavizarlos. Ningún otro profeta de Israel poseyó la singular combinación de atributos personales de Moisés.

En el capítulo 3, examinamos muchas de las profecías del Antiguo Testamento que describieron las diversas características del futuro Mesías. También detallamos cómo Jesús de Nazaret cumplió cada una de ellas. Una de las profecías mesiánicas más importantes la dio Moisés y se registró en el libro de Deuteronomio:

> Profeta de en medio de ti, de tus hermanos, como yo,
> te levantará Jehová tu Dios; a él oiréis; conforme a todo
> lo que pediste a Jehová tu Dios en Horeb el día de la

asamblea, diciendo: No vuelva yo a oír la voz de Jehová mi Dios, ni vea yo más este gran fuego, para que no muera. Y Jehová me dijo: Han hablado bien en lo que han dicho. Profeta les levantaré de en medio de sus hermanos, como tú; y pondré mis palabras en su boca, y él les hablará todo lo que yo le mandare (Deuteronomio 18.15-18).

Paralelos extraordinarios

La profecía de Moisés dio una indicación clara de cómo sería identificado el futuro Mesías. Su declaración en cuanto a que Dios levantaría un «profeta como yo» ofreció a los judíos un esquema de los tipos de características que deberían estar buscando. Incluso el Talmud sugirió que *«el Mesías debe ser el más grande de los futuros profetas, al estar más cerca en espíritu a nuestro maestro Moisés».*[1]

¿Qué tan cercana era la vida de Jesús a la de Moisés? Una investigación de la vida de ambos hombres revela que compartían más de cincuenta características similares. He aquí unos cuantos ejemplos:

1. Ambos pasaron su infancia en Egipto, protegidos contra aquellos que deseaban matarlos.
2. Ambos crecieron hasta llegar a ser estupendos líderes, maestros y profetas.
3. Ambos ayunaron cuarenta días.
4. Ambos dieron la ley desde un monte: Moisés desde el monte Sinaí, Jesús durante el Sermón del monte.

5. Ambos realizaron milagros extraordinarios ante testigos oculares.

6. Ambos tenían poder sobre fuerzas demoníacas.

7. Ambos tenían poder para controlar masas de agua: Moisés dividió el Mar Rojo, Jesús calmó el mar de Galilea.

8. El rostro de ambos hombres resplandeció con la gloria del cielo: Moisés en el monte Sinaí, Jesús en el monte de la Transfiguración.

9. Así como Moisés levantó la serpiente de bronce para sanar a su pueblo, Jesús fue levantado en una cruz para sanar a los creyentes del pecado.

10. En el día diecisiete del mes de Nisán, Moisés ofreció salvación a los hijos de Israel guiándolos a través del Mar Rojo. Mil quinientos años después en el mismo día, Jesús ofreció salvación al mundo al resucitar de entre los muertos.

11. Ambos hombres murieron en un monte.

12. Ninguno de sus cuerpos permanecieron en un sepulcro.[2]

Durante siglos, después de la celebrada profecía de Moisés, los judíos esperaron con paciencia la aparición de *el Profeta*. Muchos grandes profetas de Dios llegaron y se fueron durante ese período incluidos David, Isaías, Jeremías, Ezequiel y Daniel, pero ninguno tenía los atributos que se requerían del Mesías.

Casi mil quinientos años pasaron antes que un hombre viniera a las orillas del río Jordán y empezara a bautizar a los que querían ser limpiados de sus pecados.[3] Grandes multitudes se congregaban alrededor suyo. ¿Podría ser este *el Profeta* que había prometido Moisés? Los fariseos enviaron a un grupo de sacerdotes y levitas, desde Jerusalén hasta Betábara, para averiguar la identidad de ese hombre. Este resultó ser Juan el Bautista:

Y le preguntaron: ¿Qué pues? ¿Eres tú Elías? Dijo: No soy. ¿Eres tú el profeta? Y respondió: No. Le dijeron: ¿Pues quién eres? para que demos respuesta a los que nos enviaron. ¿Qué dices de ti mismo? Dijo: Yo soy la voz de uno que clama en el desierto: Enderezad el camino del Señor, como dijo el profeta Isaías (Juan 1.21-23).

Al día siguiente, Jesús mismo llegó a las orillas del río Jordán y le pidió a Juan que lo bautizara. Juan anunció de inmediato a la muchedumbre que ese era verdaderamente el Hijo de Dios, *el Profeta* que era el tan esperado cumplimiento de la profecía de Moisés:[4]

También dio Juan testimonio, diciendo: Vi al Espíritu que descendía del cielo como paloma, y permaneció sobre él. Y yo no le conocía; pero el que me envió a bautizar con agua, aquél me dijo: Sobre quien veas descender el Espíritu y que permanece sobre él, ése es el que bautiza con el Espíritu Santo. Y yo le vi, y he dado testimonio de que éste es el Hijo de Dios (Juan 1.32-34).

Al poco tiempo, muchos otros de manera similar empezaron a reconocer a Jesús de Nazaret como el Profeta prometido:

Aquellos hombres entonces, viendo la señal que Jesús había hecho, dijeron: Este verdaderamente es el profeta que había de venir al mundo (Juan 6.14).

Jesús el Profeta

En el Antiguo Testamento, Jesucristo es el *sujeto* de las profecías. Pero en el Nuevo, se convierte en la *fuente* de las profecías. Jesús profetizó más que cualquier otro individuo en la Biblia. De más de ciento cuarenta profecías suyas registradas en el Nuevo Testamento, la mitad se cumplió durante su vida o al poco tiempo de partir. Las profecías restantes aún por cumplirse a largo plazo les permiten a los lectores de hoy echar un fascinante vistazo al futuro revelándoles información clave de los *últimos días* y más. Muchas de esas profecías son increíblemente específicas en sus detalles.

Como ocurrió con los milagros que realizó, las profecías de Jesús a corto plazo ayudaron a cimentar su declaración de que era deidad en la mente de los testigos que vieron cumplirse dichas predicciones ante sus propios ojos.

Jesús predice que el siervo del centurión sería sanado.

La profecía:

Entrando Jesús en Capernaum, vino a él un centurión, rogándole, y diciendo: Señor, mi criado está postrado en casa, paralítico, gravemente atormentado. Y Jesús le dijo: Yo iré y le sanaré (Mateo 8.5-7).

El cumplimiento:

Entonces Jesús dijo al centurión: Ve, y como creíste, te sea hecho. Y su criado fue sanado en aquella misma hora (Mateo 8.13).

Jesús predice que Lázaro sería resucitado de entre los muertos.

La profecía:

Y Marta dijo a Jesús: Señor, si hubieses estado aquí, mi hermano no habría muerto. Mas también sé ahora que todo lo que pidas a Dios, Dios te lo dará. Jesús le dijo: Tu hermano resucitará (Juan 11.21-23).

El cumplimiento:

Entonces quitaron la piedra de donde había sido puesto el muerto. Y Jesús, alzando los ojos a lo alto, dijo: Padre, gracias te doy por haberme oído … Y el que había muerto salió, atadas las manos y los pies con vendas, y el rostro envuelto en un sudario. Jesús les dijo: Desatadle, y dejadle ir. Entonces muchos de los judíos que habían venido para acompañar a María, y vieron lo que hizo Jesús, creyeron en él (Juan 11.41, 44-45).

Jesús predice que sus discípulos encontrarían un burrito atado.

La profecía:

Id a la aldea de enfrente, y al entrar en ella hallaréis un pollino atado, en el cual ningún hombre ha montado jamás; desatadlo, y traedlo. Y si alguien os preguntare: ¿Por qué lo desatáis? le responderéis así: Porque el Señor lo necesita (Lucas 19.30-31).

El cumplimiento:

Fueron los que habían sido enviados, y hallaron como les dijo (Lucas 19.32).

Jesús predice que sus discípulos encontrarían un cuarto preparado para la Pascua.

La profecía:

Y envió dos de sus discípulos, y les dijo: Id a la ciudad, y os saldrá al encuentro un hombre que lleva un cántaro de agua; seguidle, y donde entrare, decid al señor de la casa: El Maestro dice: ¿Dónde está el aposento donde he de comer la pascua con mis discípulos? Y él os mostrará un gran aposento alto ya dispuesto; preparad para nosotros allí (Marcos 14.13-15).

El cumplimiento:

Fueron sus discípulos y entraron en la ciudad, y hallaron como les había dicho (Marcos 14.16).

Jesús predice que Judas lo traicionaría.

La profecía:

Y mientras comían, dijo: De cierto os digo, que uno de vosotros me va a entregar. Y entristecidos en gran manera, comenzó cada uno de ellos a decirle: ¿Soy yo, Señor? Entonces él respondiendo, dijo: El que mete la mano conmigo en el plato, ése me va a entregar. A la verdad el Hijo del Hombre va, según está escrito de él, mas ¡ay de aquel hombre por quien el Hijo del Hombre es entregado! Bueno le fuera a ese hombre no haber nacido. Entonces respondiendo Judas, el que le entregaba, dijo: ¿Soy yo, Maestro? Le dijo: Tú lo has dicho (Mateo 26.21-25).

El cumplimiento:

Mientras todavía hablaba, vino Judas, uno de los doce, y con él mucha gente con espadas y palos, de parte de los principales sacerdotes y de los ancianos del pueblo. Y el que le entregaba les había dado señal, diciendo: Al que yo besare, ése es; prendedle. Y en seguida se acercó a Jesús y dijo: ¡Salve, Maestro! Y le besó (Mateo 26.47-49).

Jesús predice que sus discípulos huirían después de su arresto.

La profecía:

Entonces Jesús les dijo: Todos vosotros os escandalizaréis de mí esta noche; porque escrito está: Heriré al pastor, y las ovejas del rebaño serán dispersadas (Mateo 26.31).

El cumplimiento:

Entonces todos los discípulos, dejándole, huyeron. Los que prendieron a Jesús le llevaron al sumo sacerdote Caifás, adonde estaban reunidos los escribas y los ancianos (Mateo 26.56-57).

Jesús predice que Pedro lo negaría tres veces.

La profecía:

Jesús le dijo: De cierto te digo que esta noche, antes que el gallo cante, me negarás tres veces. Pedro le dijo: Aunque me sea necesario morir contigo, no te negaré (Mateo 26.34-35).

El cumplimiento:

Pedro estaba sentado fuera en el patio; y se le acercó una criada, diciendo: Tú también estabas con Jesús el galileo. Mas él negó delante de todos, diciendo: No sé lo que dices. Saliendo él a la puerta, le vio otra, y dijo a los que estaban allí: También éste estaba con Jesús el nazareno. Pero él negó otra vez con juramento: No conozco al hombre. Un poco después, acercándose los que por allí estaban, dijeron a Pedro: Verdaderamente también tú eres de ellos, porque aun tu manera de hablar te descubre. Entonces él comenzó a maldecir, y a jurar: No conozco al hombre. Y en seguida cantó el gallo. Entonces Pedro se acordó de las palabras de Jesús, que le había dicho: Antes que cante el gallo, me negarás tres veces. Y saliendo fuera, lloró amargamente (Mateo 26.69-75).

La mayoría de las profecías de Cristo a corto plazo giran alrededor de su inminente muerte, sepultura y resurrección. En numerosas ocasiones, intentó preparar a sus discípulos para lo inevitable de esos sucesos. Sin embargo, con mucha frecuencia, los discípulos quedaban confundidos y perturbados con conversaciones como esas; ya que ellos, como muchos de los judíos de ese entonces, esperaban que Jesús asumiera inmediatamente el control del gobierno. Pero cumplir su papel como heredero del trono de David tendría que esperar hasta su Segunda Venida. Convertirse en sustituto por nuestros pecados y conquistar la muerte tenía que ocurrir primero...

Jesús predice que sería crucificado y resucitaría en el tercer día.

La profecía:

Subiendo Jesús a Jerusalén, tomó a sus doce discípulos aparte en el camino, y les dijo: He aquí subimos a Jerusalén, y el Hijo del Hombre será entregado a los principales sacerdotes y a los escribas, y le condenarán a muerte; y le entregarán a los gentiles para que le escarnezcan, le azoten, y le crucifiquen; mas al tercer día resucitará (Mateo 20.17-19).

El cumplimiento:

No os asustéis; buscáis a Jesús nazareno, el que fue crucificado; ha resucitado, no está aquí; mirad el lugar en donde le pusieron (Marcos 16.6).

Más profecías revelándose

Jesús hizo una cantidad de predicciones que se cumplieron poco después de su resurrección, mientras otras se consumaron en los siglos posteriores...

Jesús predice que vería a sus discípulos en Galilea después de su resurrección.

La profecía:

Pero después que haya resucitado, iré delante de vosotros a Galilea (Marcos 14.28).

El cumplimiento:

Pero los once discípulos se fueron a Galilea, al monte donde Jesús les había ordenado. Y cuando le vieron, le adoraron; pero algunos dudaban (Mateo 28.16-17).

Jesús predice que el Espíritu Santo llenaría a sus discípulos.

La profecía:

Mas el Consolador, el Espíritu Santo, a quien el Padre enviará en mi nombre, él os enseñará todas las cosas, y os recordará todo lo que yo os he dicho (Juan 14.26).

El cumplimiento:

Cuando llegó el día de Pentecostés, estaban todos unánimes juntos. Y de repente vino del cielo un estruendo como de un viento recio que soplaba, el cual llenó toda la casa donde estaban sentados; y se les aparecieron lenguas repartidas, como de fuego, asentándose sobre cada uno de ellos. Y fueron todos llenos del Espíritu Santo, y comenzaron a hablar en otras lenguas, según el Espíritu les daba que hablasen (Hechos 2.1-4).

Jesús predice que el templo de Jerusalén sería destruido.

La profecía:

Cuando Jesús salió del templo y se iba, se acercaron sus discípulos para mostrarle los edificios del templo. Respondiendo él, les dijo: ¿Veis todo esto? De cierto os digo, que no quedará aquí piedra sobre piedra, que no sea derribada (Mateo 24.1-2).

El cumplimiento:

En el año 70 A.D., el ejército de Roma, dirigido por quien pronto sería el emperador Tito, conquistó la ciudad de Jerusalén. La ciudad junto con el templo judío, que había sido restaurado por el rey Herodes solo unas décadas antes, fueron destruidos sin dejar piedra sobre piedra, tal como lo predijo Jesús. El famoso historiador judeo-romano, Josefo, fue un verdadero testigo ocular de la destrucción y documentó la caída de la ciudad.[5] Se ha estimado que más de un millón de personas fueron asesinadas mientras la ciudad estaba sitiada, la mayoría judíos. Otros 97,000 fueron capturados y esclavizados.[6] Muchos cristianos que estaban conscientes de la profecía habían salido de la ciudad cuatro años antes y como resultado se escaparon de la masacre.[7] Hoy, el Muro de los Lamentos en Jerusalén sirve como recordatorio de esa profecía: los bloques de piedra que forman el muro vienen del templo que, hasta hoy, no se ha reconstruido.

Jesús predice que su iglesia sobreviviría.

La profecía:

Y yo también te digo, que tú eres Pedro, y sobre esta roca edificaré mi iglesia; y las puertas del Hades no prevalecerán contra ella (Mateo 16.18).

El cumplimiento:

En los dos mil años desde que se hizo esa predicción, la iglesia, que está constituida por aquellos alrededor del mundo que creen en Jesucristo, a pesar de sufrir persecución incomparable a través de la historia, ha permanecido fuerte y continúa creciendo.[8]

Lo que queda por delante

La otra mitad de las profecías de Jesús (las que están por cumplirse) tratan principalmente de los *tiempos finales*. Muchos de esos acontecimientos futuros son literalmente estremecedores en su magnitud y están reforzados por otros profetas bíblicos, tanto del Antiguo como del Nuevo Testamento. El panorama de los *últimos días* incluye el acontecimiento de los siguientes sucesos en este orden:

1. *El rapto de la iglesia*: Los creyentes serán llevados instantáneamente de la tierra al cielo (Juan 14.2-3; 1 Corintios 15.51-57; 1 Tesalonicenses 4.13-18).

2. *El tribunal de Cristo*: Los creyentes serán recompensados por sus buenas obras (1 Corintios 3.11-15; 2 Corintios 5:9-11).

3. *La tribulación*: Un período de siete años de muerte y destrucción sin precedentes, será experimentado por aquellos que se quedaron en la tierra (Mateo 24.3-28; Marcos 13.3-23; Lucas 21.7-24; Apocalipsis 6.1—19.21).

4. *La Segunda Venida de Cristo*: Jesús regresará a la tierra al final de la tribulación (Mateo 24.29-31; Marcos 13.24-27; Lucas 21.25-28).

5. *El reino milenario o Milenio*: Un período de mil años de paz en la tierra gobernado por Cristo mismo (Mateo 25.31-40; Apocalipsis 20.1-6).

6. *El gran juicio del trono blanco* y *El reino eterno*: Los creyentes per-
manecerán con Cristo mientras que los no creyentes son juzgados y
echados el infierno (Mateo 25.41-46; Apocalipsis 20.11—22.5).

El período de siete años al que se le refiere como la tribulación será
controlado por un líder mundial carismático y engañador conocido
como el Anticristo. Él requerirá que todo ser humano sobre el planeta
reciba una *marca* en su mano o su frente, que será la única forma en que
cualquier persona podrá comprar o vender. Esa marca será designada por
el número 666.[9] Los que reciben la marca lo harán en rebelión contra
Dios y perderán para siempre el derecho a un lugar en el cielo.[10] Millones
serán asesinados por rehusarse a recibir la marca.[11] Ese líder mundial
también instigará la batalla de Armagedón, la más grande jamás librada.
Tres cuartas partes de la población mundial serán asesinadas durante ese
tiempo.[12] No es sorprendente que Jesús usara las siguientes palabras para
describir ese período asombroso:

> Porque habrá entonces gran tribulación, cual no la ha
> habido desde el principio del mundo hasta ahora, ni la
> habrá. Y si aquellos días no fuesen acortados, nadie sería
> salvo; mas por causa de los escogidos, aquellos días serán
> acortados (Mateo 24.21-22).

Las profecías de los *últimos días* que hizo Cristo fueron reveladas
principalmente en dos ocasiones distintas. La primera vez fue ante un
público constituido por sus discípulos en el monte de los Olivos en
Jerusalén. A eso se le conoce como el Sermón del monte.[13] Lo registran
tres de los cuatro escritores de los evangelios en las páginas de Mateo,
Marcos y Lucas pero, curiosamente, Juan no lo hace. El apóstol Juan fue

escogido en cambio para ser el receptor de una mayor serie de profecías que formó la base del libro de Apocalipsis, que proveyó detalles aun más específicos acerca de los *últimos días*.

Jesús predice que el rapto ocurrirá en el momento menos esperado.

> Pero del día y la hora nadie sabe, ni aun los ángeles de los cielos, sino sólo mi Padre. Mas como en los días de Noé, así será la venida del Hijo del Hombre. Porque como en los días antes del diluvio estaban comiendo y bebiendo, casándose y dando en casamiento, hasta el día en que Noé entró en el arca, y no entendieron hasta que vino el diluvio y se los llevó a todos, así será también la venida del Hijo del Hombre. Entonces estarán dos en el campo; el uno será tomado, y el otro será dejado. Dos mujeres estarán moliendo en un molino; la una será tomada, y la otra será dejada. Velad, pues, porque no sabéis a qué hora ha de venir vuestro Señor (Mateo 24.36-42).

Jesús predice que los creyentes (raptados) serán protegidos de la tribulación.

> Por cuanto has guardado la palabra de mi paciencia, yo también te guardaré de la hora de la prueba que ha

de venir sobre el mundo entero, para probar a los que moran sobre la tierra (Apocalipsis 3.10).

Jesús predice que los creyentes serán recompensados por sus obras.

He aquí yo vengo pronto, y mi galardón conmigo, para recompensar a cada uno según sea su obra (Apocalipsis 22.12).

Jesús predice que varias señales precederán a la tribulación.

Porque se levantará nación contra nación, y reino contra reino; y habrá pestes, y hambres, y terremotos en diferentes lugares. Y todo esto será principio de dolores (Mateo 24.7-8).

Jesús predice que los creyentes serán martirizados durante la tribulación.

Entonces os entregarán a tribulación, y os matarán, y seréis aborrecidos de todas las gentes por causa de mi nombre (Mateo 24.9).

Jesús predice que los miembros de las familias se volverán en contra de sí durante la tribulación.

> Y el hermano entregará a la muerte al hermano, y el padre al hijo; y se levantarán los hijos contra los padres, y los matarán (Marcos 13.12).

Jesús predice que el engaño espiritual, el crimen y la disminución del amor serán desenfrenados durante la tribulación.

> Y muchos falsos profetas se levantarán, y engañarán a muchos; y por haberse multiplicado la maldad, el amor de muchos se enfriará (Mateo 24.11-12).

Jesús predice que el Anticristo profanará el templo en Jerusalén en la mitad de la tribulación.

> Por tanto, cuando veáis en el lugar santo la abominación desoladora de que habló el profeta Daniel (el que lee, entienda), entonces los que estén en Judea, huyan a los montes (Mateo 24.15-16).

Jesús predice que regresará a la tierra al final de la tribulación.

E inmediatamente después de la tribulación de aquellos días, el sol se oscurecerá, y la luna no dará su resplandor, y las estrellas caerán del cielo, y las potencias de los cielos serán conmovidas. Entonces aparecerá la señal del Hijo del Hombre en el cielo; y entonces lamentarán todas las tribus de la tierra, y verán al Hijo del Hombre viniendo sobre las nubes del cielo, con poder y gran gloria (Mateo 24.29-30).

Jesús predice que establecerá su reino milenario después de su Segunda Venida.

Cuando el Hijo del Hombre venga en su gloria, y todos los santos ángeles con él, entonces se sentará en su trono de gloria, y serán reunidas delante de él todas las naciones; y apartará los unos de los otros, como aparta el pastor las ovejas de los cabritos. Y pondrá las ovejas a su derecha, y los cabritos a su izquierda. Entonces el Rey dirá a los de su derecha: Venid, benditos de mi Padre, heredad el reino preparado para vosotros desde la fundación del mundo (Mateo 25.31-34).

Jesús predice que será capaz de distinguir a los no creyentes de los creyentes.

No todo el que me dice: Señor, Señor, entrará en el reino de los cielos, sino el que hace la voluntad de mi Padre que está en los cielos. Muchos me dirán en aquel día: Señor, Señor, ¿no profetizamos en tu nombre, y en tu nombre echamos fuera demonios, y en tu nombre hicimos muchos milagros? Y entonces les declararé: Nunca os conocí; apartaos de mí, hacedores de maldad (Mateo 7.21-23).

Jesús predice que los ángeles le ayudarán en el juicio final.

Así será al fin del siglo: saldrán los ángeles, y apartarán a los malos de entre los justos, y los echarán en el horno de fuego; allí será el lloro y el crujir de dientes (Mateo 13.49-50).

Jesús predice que habrá un lugar para los creyentes en el cielo.

No se turbe vuestro corazón; creéis en Dios, creed también en mí. En la casa de mi Padre muchas moradas hay; si así no fuera, yo os lo hubiera dicho; voy, pues, a

preparar lugar para vosotros. Y si me fuere y os preparare
lugar, vendré otra vez, y os tomaré a mí mismo, para que
donde yo estoy, vosotros también estéis (Juan 14.1-3).

Repito, debido a la precisión profética del cien por ciento de lo que
dijo Jesucristo, junto con el cien por ciento de precisión de todos los
demás profetas bíblicos, es lógico suponer que las profecías concernientes a los *últimos días* —incluidas las que tienen que ver con el rapto, la
recompensa de los creyentes, la tribulación, la Segunda Venida, el reino
milenario y el juicio de los no creyentes— verdaderamente se cumplirán
a su debido tiempo como fueron predichas. ¿Cuándo? Eso solo Dios
lo sabe. Sin embargo, muchos eruditos bíblicos creen que realmente
podría ser muy pronto, basados en el hecho de que nuestra generación
ha visto más señales cumplidas del «fin del mundo» que cualquier otra
anterior.[14]

Capítulo seis

TODOS SABEN QUE RESUCITÓ

Se ha dicho que la resurrección de Cristo es la piedra angular del cristianismo… ya que sin ella no existiría. Por lo tanto no es de sorprenderse que los evangelistas gnósticos y reconstruccionistas históricos de hoy estén obsesionados con tratar de argumentar que ello nunca sucedió.

La resurrección de Jesús se menciona más de cien veces en el Nuevo Testamento. Los discípulos, que fueron testigos oculares del acontecimiento, sabían por experiencia propia que fue un hecho (Hechos 2.32). La resurrección posteriormente se convirtió en el fundamento de su fe y el tema principal de su predicación. Fue la realidad de la resurrección lo que convirtió a un grupo de discípulos deprimidos y abatidos en una facción radical de valientes y decididos líderes que estuvieron preparados para hacerse mártires si fuese necesario. Si hubiese habido una pizca de evidencia de que la resurrección de Cristo había sido un fraude, esa transformación no habría sucedido. Asimismo, la formación milagrosa y continua existencia de la iglesia cristiana durante los últimos

dos milenios nunca hubiera sucedido si no hubiese sido por la certeza de
la resurrección.

En busca de la historia perdida

> Ningún hombre jamás ha escrito, a favor ni en contra,
> sobre el tema de la resurrección de Cristo, sin hallarse
> persuadido a confrontar el problema del sepulcro vacío
> de José.[1]

Uno de los primeros ejemplos del avivamiento gnóstico en la era
moderna se llevó a cabo en 1965 con la publicación del libro *The Passover
Plot* [La trama de la Pascua] por el teólogo liberal Hugh Schonfield. En su
libro, Schonfield representa a Jesús como una especie de erudito bíblico
que tiene delirios mesiánicos. Él maquina secretamente «cumplir» todas
las profecías necesarias del Antiguo Testamento concernientes al Mesías,
culminando con su muerte fingida en la cruz y posterior *resucitación* en
el sepulcro. Con la ayuda confabuladora de Lázaro y José de Arimatea,
el Jesús de Schonfield espera convencer a sus discípulos, que no se
dan cuenta de la farsa que se está llevando a cabo, que es en verdad el
Mesías.

Según Schonfield, el timo hubiera resultado si el soldado romano
no hubiese traspasado a Jesús con su espada mientras estaba en la cruz.
Eso hizo que Jesús muriera. Por fortuna para Schonfield, los discípulos confundieron a otra gente con Cristo en los días después de la
crucifixión, convenciéndolos así de que realmente había resucitado de

entre los muertos. Esta es la asombrosa versión de Schonfield acerca del nacimiento del cristianismo.[2]

¿Cómo es que los delirantes y deshonestos hechos de un hombre (el Jesús de Schonfield) combinados con la ingenua estupidez de otros once (los discípulos de Schonfield) pudieran resultar en que Jesús lograse una elevación a nivel mundial sin precedentes por encima de todos los demás seres humanos en el planeta —en forma continua— por dos mil años?; es verdaderamente increíble. En efecto, el intento de Schonfield por explicar y descartar la resurrección y su efecto posterior en el mundo ¡es más difícil de creer que los verdaderos hechos históricos que rodean la resurrección misma!

Tanto el libro *The Passover Plot* [La trama de la Pascua] como la película posterior de 1976 del mismo nombre, muestran a Jesús como un impostor astuto, maquinador y engañoso,[3] en contraste con el evangelio y otros relatos históricos que claramente lo representan como un hombre de honestidad e integridad. Y tal como ya lo discutimos, la premisa básica de que Jesús pudiese de algún modo manipular a la fuerza el cumplimiento de más de cien profecías del Antiguo Testamento es, en una sola palabra, imposible.

¿Cómo pudo Jesús manipular, por ejemplo, las reacciones de otros con tanta precisión? ¿Cómo se las ingenió para extraer la triple negación de Pedro, la sentencia de crucifixión por parte de Pilato, o la traición de Judas y la adquisición de exactamente treinta piezas de plata? En realidad, cualquiera que poseyese la magnitud de poder manipulador necesario para lograr tal engaño *tendría que ser divino,* ¡lo cual es la propia conclusión que Schonfield estaba esperando evitar! Lo que nos trae de regreso a esa evidencia latosa involucrada en el sepulcro vacío resguardado por muchos soldados, ¿Cómo explica Schonfield eso?

Podemos descartar la historia en Mateo de que los sacerdotes principales pidieron a Pilato que se pusiera un grupo de soldados en el sepulcro y que pusieron un vigilante.[4]

¿Por qué debemos «descartar» el relato documentado de que hubo un gran grupo de soldados romanos vigilando el sepulcro? Porque es un obstáculo insuperable para la teoría del cuerpo robado, por eso. Este es un procedimiento normal para la mayoría de los «eruditos» modernos que desean socavar el relato de la resurrección del Nuevo Testamento: simplemente ignorar cualquier evidencia que sea necesaria para conformar a una tendencia preconcebida, sin ofrecer prueba o motivo para ello.

La portada del éxito de librerías de Michael Baigent, *Las cartas privadas de Jesús*, declara con osadía que pone al descubierto «el encubrimiento más grande de la historia». ¿Y cuál es el encubrimiento más grande de la historia? Que Jesús realmente no murió en la cruz… una declaración que sirve solo para reforzar la sabiduría del rey Salomón, que dijo que «no hay nada nuevo bajo el sol». La clave de la teoría de Baigent se halla en la esponja que se le ofrece a Jesús durante la crucifixión:

La esponja fue empapada no con vinagre, una sustancia que hubiera revivido a Jesús, sino con algo que le hubiera causado la pérdida de la conciencia —una especie de droga— … Se sabía que una esponja empapada con una mezcla de opio y otros compuestos como belladona y hashish servían como buenos anestésicos … Todo lo que quedaba entonces era que Jesús fuese bajado de la cruz, aparentemente sin vida pero en realidad inconsciente,

y llevado a un sepulcro privado donde pudieran usarse
medicinas para revivirlo. Él entonces sería sacado rápidamente del lugar de los hechos.[5]

¿Tiene alguna *evidencia* Baigent de esa invención drogadicta en
particular? ¿Tiene alguna *evidencia* de las medicinas usadas para revivir
a Jesús en el sepulcro? ¿Y por qué los soldados romanos que estaban
cuidando el sepulcro no trataron de impedir que Jesús fuese «sacado rápidamente»? Para entender completamente el deseo de Michael Baigent
de volver a escribir la historia, uno debe de tomar en cuenta no solo sus
antecedentes en el misticismo (anticristiano), sino su declarado desprecio
a las Escrituras:

> Por supuesto que el Nuevo Testamento es mala historia.
> Esto es imposible de negar. Los textos son incoherentes,
> incompletos, confusos y tendenciosos. Es posible des-
> mantelar el Nuevo Testamento hasta el punto en que no
> quede nada excepto una mitología cristiana sumamente
> tendenciosa y dogmática.[6]

Contradiciendo la teoría de Michael Baigent de manera enfática se
encuentra el autor James Tabor. En su libro *The Jesus Dynasty* [La dinastía
de Jesús], Tabor argumenta que Jesús con toda seguridad murió en la cruz
y que el cuerpo fue luego removido del sepulcro durante la noche —muy
probablemente por su madre, María, junto con otras mujeres[7] (Repito,
¿dónde están los soldados? ¿Y cómo se las ingeniaron esas mujeres para
mover esa roca de casi dos mil kilogramos que bloqueaba la entrada del
sepulcro?) Con el fallecido y no resucitado Jesús ahora fuera de escena,
la tarea de llevar a cabo su obra —incluyendo la formación de la iglesia

cristiana—, es entonces entregada a Santiago, el hermano de Jesús, según Tabor:

> Tres hechos parecen ser indisputables: primero, que Jesús estaba verdaderamente muerto; segundo, que fue rápida y temporalmente enterrado en un sepulcro desconocido; y tercero, que el movimiento que Jesús empezó no terminó con su muerte sino que revivió y halló nueva vida bajo el liderazgo de su hermano, Santiago.[8]

A pesar de estar en directo conflicto entre sí, las teorías de Baigent y Tabor se las ingenian para negar la realidad de la resurrección, lo cual es, por supuesto, la meta principal de los evangelistas gnósticos de hoy. Esos argumentos reciclados realmente no son nada más que intentos por explicar el sepulcro vacío desde una perspectiva *naturalista*.

El denominador común de todas esas teorías es la suposición fundamental de que los textos originales no son exactos. La suposición preponderante es que los «eruditos» elitistas de hoy, que tienen una parcialidad intrínseca en contra de Jesús y la precisión de las Escrituras, están de algún modo mejor preparados para comentar sobre los acontecimientos de hace dos mil años que los testigos oculares que realmente estuvieron allí.

Relatos de testigos oculares

La resurrección de Jesucristo se registra en todos los cuatro evangelios: Mateo 28, Marcos 16, Lucas 24 y Juan 20. Cada relato ofrece una perspectiva diferente de los hechos que sucedieron en esa mañana de resurrección. Algunos críticos han atacado las diferencias en las narrativas, sugiriendo que prueban que no son confiables. No obstante, uno debería desconfiar más si esos cuatro relatos escritos por cuatro personas diferentes en cuatro lugares distintos, en cuatro tiempos diferentes, resultaran ser exactamente iguales.

Un policía, por ejemplo, que está tratando de reconstruir los hechos que condujeron a un accidente de tránsito preferiría recolectar información de cuatro testigos oculares más que de uno solo. A pesar de las diferencias insignificantes en el testimonio, se puede obtener una versión mucho más clara y más sustancial de los hechos cuando cada testigo ocular ofrece una pieza singular del rompecabezas en base a su punto de vista en particular. Lo mismo es cierto con todos los sucesos documentados en los cuatro evangelios, incluyendo la resurrección.

Cuando se combinan, los relatos de los evangelios de la resurrección pintan un cuadro detallado de victoria y esperanza que al final sirve para vencer la percibida derrota y tragedia de los días anteriores. La resurrección actúa como la validación perfecta de la vida impecable de Cristo… una vida caracterizada por sabiduría, liderazgo y actos poderosos de compasión, sanidad y sacrificio. En efecto, es la resurrección lo que hace posible que a todos los que están en la tierra se les perdonen sus pecados, mantengan una relación con su Creador y reciban la seguridad de la vida eterna, si así lo eligen. Sin ella, el cristianismo es sencillamente una colosal farsa y una pérdida de tiempo.

Preludio de la resurrección

Una vez que se completó la crucifixión y los soldados romanos comprobaron que Jesús estaba muerto, Poncio Pilato le encargó el cuerpo a un miembro del concilio llamado José.

> José de Arimatea, miembro noble del concilio, que también esperaba el reino de Dios, vino y entró osadamente a Pilato, y pidió el cuerpo de Jesús. Pilato se sorprendió de que ya hubiese muerto; y haciendo venir al centurión, le preguntó si ya estaba muerto. E informado por el centurión, dio el cuerpo a José, el cual compró una sábana, y quitándolo, lo envolvió en la sábana, y lo puso en un sepulcro que estaba cavado en una peña, e hizo rodar una piedra a la entrada del sepulcro. Y María Magdalena y María madre de José miraban dónde lo ponían (Marcos 15.43-47).

Sin duda los líderes religiosos tuvieron dificultad para dormir esa noche. Quizás sus corazones recibieron convicción. Tal vez unos cuantos reconocieron que habían ejecutado a un hombre inocente. Otros quizás restregaron las Escrituras a la luz de una vela, leyendo y volviendo a leer las profecías mesiánicas mientras las predicciones del propio Jesús acerca de su inminente muerte y resurrección retumbaban en sus oídos. *¿Era este el Mesías prometido, resucitaría al tercer día?* En verdad, había algunos que sabían exactamente quién era ese hombre, y sabían lo que podría suceder el siguiente domingo. Y no iban a correr riesgos:

> Al día siguiente, que es después de la preparación, se reunieron los principales sacerdotes y los fariseos ante

Pilato, diciendo: Señor, nos acordamos que aquel engañador dijo, viviendo aún: Después de tres días resucitaré.
Manda, pues, que se asegure el sepulcro hasta el tercer
día, no sea que vengan sus discípulos de noche, y lo
hurten, y digan al pueblo: Resucitó de entre los muertos.
Y será el postrer error peor que el primero. Y Pilato les
dijo: Ahí tenéis una guardia; id, aseguradlo como sabéis.
Entonces ellos fueron y aseguraron el sepulcro, sellando
la piedra y poniendo la guardia (Mateo 27.62-66).

Al sellar el sepulcro y poner a vigilar a guardias romanos, los líderes
religiosos en esencia sellaron sus propios destinos. Hicieron todo lo
posible para asegurarse de que nadie pudiera entrar (o salir) del sepulcro.
Pero el plan salió al revés… ya que nada pudo haber impedido que Jesús
resucitara al tercer día. Los sacerdotes principales y los fariseos habían
tenido éxito solo en dificultar las cosas para sí mismos. Luego tuvieron
que idear una explicación verosímil del sepulcro vacío que evitara el
asunto de la piedra sellada y los guardias romanos:

Pasado el día de reposo, al amanecer del primer día de
la semana, vinieron María Magdalena y la otra María,
a ver el sepulcro. Y hubo un gran terremoto; porque
un ángel del Señor, descendiendo del cielo y llegando,
removió la piedra, y se sentó sobre ella. Su aspecto era
como un relámpago, y su vestido blanco como la nieve.
Y de miedo de él los guardas temblaron y se quedaron
como muertos. Mas el ángel, respondiendo, dijo a las
mujeres: No temáis vosotras; porque yo sé que buscáis
a Jesús, el que fue crucificado. No está aquí, pues ha

resucitado, como dijo. Venid, ved el lugar donde fue puesto el Señor. E id pronto y decid a sus discípulos que ha resucitado de los muertos, y he aquí va delante de vosotros a Galilea; allí le veréis. He aquí, os lo he dicho (Mateo 28.1-7).

Los líderes religiosos estaban totalmente decididos a esconder la verdad. Al hacerlo, planearon la primera *alternativa a la situación del sepulcro vacío*. Una que fácilmente se puede demostrar como falacia, pero eso no ha impedido que la repitan interminablemente a través de los siglos posteriores los escépticos, ateos y gnósticos:

Mientras ellas iban, he aquí unos de la guardia fueron a la ciudad, y dieron aviso a los principales sacerdotes de todas las cosas que habían acontecido. Y reunidos con los ancianos, y habido consejo, dieron mucho dinero a los soldados, diciendo: Decid vosotros: Sus discípulos vinieron de noche, y lo hurtaron, estando nosotros dormidos. Y si esto lo oyere el gobernador, nosotros le persuadiremos, y os pondremos a salvo. Y ellos, tomando el dinero, hicieron como se les había instruido (Mateo 28.11-15).

Los discípulos no pudieron haber robado el cuerpo. Ellos no tenían la motivación para hacerlo en lo absoluto. Todos estaban en estado de conmoción y profunda depresión después de la crucifixión. Ni tampoco tuvieron la oportunidad de robarlo ya que el sepulcro estaba sellado y los soldados romanos estaban vigilándolo. ¿Y cómo el hecho de robarse el cuerpo transformaría a esos quebrantados y derrotados discípulos en valientes líderes que ahora estaban dispuestos a morir por sus creencias? Solo la realidad de la resurrección pudo haberlo logrado.

La evidencia se acumula

La resurrección de Jesucristo es o bien una de las farsas más perversas, maliciosas y despiadadas jamás grabadas en las mentes de los seres humanos, o es el hecho más extraordinario de la historia.[9]

La evidencia histórica que no puede negarse es la realidad del sepulcro vacío. Las mujeres que llegaron primero al lugar de los hechos lo encontraron vacío; Pedro y Juan lo encontraron vacío; los guardias romanos que estaban convencidos que serían ejecutados por no cumplir con su obligación reportaron temerosamente que estaba vacío; los líderes religiosos creían que estaba vacío; los historiadores concuerdan en que estaba vacío; aun los escépticos de hoy reaciamente están de acuerdo que estaba vacío; de ahí los innumerables intentos desesperados por inventar una alternativa de la resurrección que luzca creíble. Vea lo que afirma un erudito que acepta el sepulcro vacío:

Yo digo ser historiador. Mi método para tratar lo clásico es histórico. Y le digo que la evidencia de la vida, la muerte y la resurrección de Cristo está mejor autenticada que la mayoría de los hechos de la historia antigua.[10]

Si la resurrección hubiera sido un fraude perpetrado por los discípulos, hubiese sido lógico que viajaran a alguna tierra lejana de los sucesos que se llevaron a cabo para promover su mito. Sin embargo, se quedaron en Jerusalén, la ciudad donde ocurrió la resurrección y vivían los testigos, y comenzaron a usar el sepulcro vacío como la principal evidencia de su enseñanza. Como afirmó el profesor y doctor Paul Althaus:

> La resurrección no se hubiera sostenido en Jerusalén ni un solo día, por una hora, si el vacío del sepulcro no hubiese estado establecido como hecho para todos los interesados.[11]

Después de la resurrección de Cristo, grandes números de personas comenzaron a creer en Jesús como el Mesías. Los líderes religiosos estaban furiosos. Todo lo que necesitaban hacer para impedir que se efectuaran las conversiones era presentar el cuerpo de Jesús. Pero no pudieron. Así que empezaron a discutir cómo debían proceder para matar a los discípulos. Gamaliel, miembro líder del concilio y hombre razonable, trató de que todos recobraran la sensatez:

> Entonces levantándose en el concilio un fariseo llamado Gamaliel, doctor de la ley, venerado de todo el pueblo … dijo: Varones israelitas, mirad por vosotros lo que vais a hacer respecto a estos hombres … Apartaos de estos hombres, y dejadlos; porque si este consejo o esta obra es de los hombres, se desvanecerá; mas si es de Dios, no la podréis destruir; no seáis tal vez hallados luchando contra Dios (Hechos 5.34-35, 38-39).

Pruebas infalibles

> A quienes también, después de haber padecido, se
> presentó vivo con muchas pruebas indubitables, apare-
> ciéndoseles durante cuarenta días y hablándoles acerca
> del reino de Dios (Hechos 1.3).

Los testigos oculares de las apariciones de Jesús después de la resurrección ofrecen la evidencia más convincente de todas de que estaba
realmente vivo después de haber sido ejecutado en la cruz. Esas «pruebas
infalibles» incluyen su aparición ante más de quinientas personas, evidencia abrumadora que sería válida en cualquier corte de justicia. El
Nuevo Testamento reporta diez apariciones de esas (aunque probablemente hubo muchas más) en un lapso de cuarenta días comenzando en
la mañana de la resurrección y continuando hasta su ascensión. Después
de su resurrección, Jesús se apareció:

1. A María Magdalena en las primeras horas de la mañana del primer
   día de la semana (Marcos 16.9-11; Juan 20.14-18).
2. A un grupo de mujeres esa misma mañana (Mateo 28.1-10; Lucas
   24.1-7).
3. Al apóstol Pedro esa tarde (Lucas 24.34; 1 Corintios 15.5).
4. A Cleofas y otro discípulo camino a Emaús después en la tarde
   (Marcos 16.12-13; Lucas 24.13-33).
5. A diez de los apóstoles, excluyendo a Tomás, además de un grupo de
   otras personas esa noche (Lucas 24.36-43; Juan 20.19-24).
6. A los once apóstoles juntos ocho días después (Juan 20.26-29).
7. A un grupo de discípulos en el mar de Galilea (Juan 21.4-14).

8. A un grupo de más de quinientos en un monte en Galilea (Mateo 28.16-20; 1 Corintios 15.6).

9. A Santiago bajo circunstancias desconocidas (1 Corintios 15.7).

10. A los apóstoles antes de la ascensión en el monte de los Olivos en Jerusalén (Lucas 24.50-52; Hechos 1.4-8).

Una de las confirmaciones más grandes de la validez de los testigos oculares viene de la pluma del apóstol Pablo. Al escribir a la iglesia de los corintios, menos de treinta años después de los hechos en cuestión, el apóstol les recuerda que la mayoría de los más de quinientos testigos que vieron a Jesús después de la resurrección todavía estaban vivos y se les podía cuestionar si era necesario:

> Porque primeramente os he enseñado lo que asimismo recibí: Que Cristo murió por nuestros pecados, conforme a las Escrituras; y que fue sepultado, y que resucitó al tercer día, conforme a las Escrituras; y que apareció a Cefas, y después a los doce. Después apareció a más de quinientos hermanos a la vez, de los cuales muchos viven aún, y otros ya duermen (1 Corintios 15.3-6).

El doctor Edwin Yamauchi, profesor de historia de la Universidad de Miami, lo explica bien:

> Lo que le da una autoridad especial a la lista [de testigos] como evidencia histórica es que se menciona que la mayoría de los quinientos hermanos todavía estaban vivos. San Pablo dice en efecto: «Si no me creen, pueden preguntarles». Tal declaración en una carta confirmada

como genuina, escrita en un lapso de treinta años de haber sucedido el hecho es casi evidencia tan sólida como la que se esperaría obtener de algo que sucedió hace casi dos mil años.[12]

Es importante entender que el Jesús resucitado no regresó en algún tipo de cuerpo espiritual o de fantasma, sino en un cuerpo físico literal de carne y hueso. El Cristo resucitado físicamente caminó, habló y comió con sus discípulos...

> Mientras ellos aún hablaban de estas cosas, Jesús se puso en medio de ellos, y les dijo: Paz a vosotros. Entonces, espantados y atemorizados, pensaban que veían espíritu. Pero él les dijo: ¿Por qué estáis turbados, y vienen a vuestro corazón estos pensamientos? Mirad mis manos y mis pies, que yo mismo soy; palpad, y ved; porque un espíritu no tiene carne ni huesos, como veis que yo tengo. Y diciendo esto, les mostró las manos y los pies. Y como todavía ellos, de gozo, no lo creían, y estaban maravillados, les dijo: ¿Tenéis aquí algo de comer? Entonces le dieron parte de un pez asado, y un panal de miel. Y él lo tomó, y comió delante de ellos (Lucas 24.36-43).

El cuerpo resucitado de Jesús era físico, pero también diferente; era un cuerpo eterno. A diferencia de antes, ahora podía atravesar paredes para ir de un lado a otro. Podía ser tocado, pero ya no estaba sujeto a los confines de espacio y tiempo. Sin embargo, su nuevo cuerpo todavía llevaba las cicatrices de su crucifixión, como podía atestiguar el apóstol Tomás:

> Él [Tomás] les dijo: Si no viere en sus manos la señal de los clavos, y metiere mi dedo en el lugar de los clavos, y metiere mi mano en su costado, no creeré. Ocho días después, estaban otra vez sus discípulos dentro, y con ellos Tomás. Llegó Jesús, estando las puertas cerradas, y se puso en medio y les dijo: Paz a vosotros. Luego dijo a Tomás: Pon aquí tu dedo, y mira mis manos; y acerca tu mano, y métela en mi costado; y no seas incrédulo, sino creyente. Entonces Tomás respondió y le dijo: ¡Señor mío, y Dios mío! (Juan 20.25-28).

Si no hubiese sido por la reunión después de la resurrección entre los discípulos y el Cristo vivo, el cristianismo no existiría. Esas experiencias no solo convencieron a los seguidores de Jesús de que había resucitado, sino que los transformó en maestros dinámicos dispuestos a entregar sus vidas a fin de proclamar su mensaje.

Muchos de ellos fueron arrestados, encarcelados y golpeados. Al final los once discípulos murieron como mártires, con la excepción del apóstol Juan. (Se cree que a Juan se le puso a hervir en aceite por testificar que había visto al Cristo resucitado, pero de algún modo se las ingenió para sobrevivir la terrible experiencia. Finalmente fue encarcelado en la isla de Patmos.) La pregunta es: ¿habrían estado esos hombres tan dispuestos a sufrir y morir por una mentira? ¿Hubieran sido tan osados si todo aquello era una farsa? Sin embargo, ninguno de ellos se retractó cuando estuvo frente a la muerte. ¿Por qué? Porque lo habían visto vivo. Habían hablado con Él. Lo habían tocado. El profesor Thomas Arnold, de la Universidad de Oxford, lo resume así:

> No sé de ningún otro hecho en la historia de la humanidad que haya sido probado por mejor y más completa evidencia de todo tipo, para un indagador justo, que la gran señal que Dios nos ha dado de que Cristo murió y resucitó de entre los muertos.[13]

La invasión de los secuestradores de cuerpos

Los enemigos de Cristo han tenido dos mil años para idear una alternativa creíble para la historia de la resurrección. Han tenido siglos para formular, procesar y volver a definir sus argumentos con respecto a lo que le sucedió al cuerpo de Jesús después de la crucifixión. Uno solo puede sacudir la cabeza con incredulidad y preguntar: «¿Es esto lo mejor que pueden hacer?» Recuerde, los intentos por desacreditar la resurrección comenzaron *el día anterior a que realmente ocurriera* y ha continuado hasta hoy mismo:

> Desde el inicio de la obra de Cristo en la tierra, y a través de todo el Nuevo Testamento, hubo oposición amarga y constante en contra de la resurrección de Cristo... Los principales sacerdotes y fariseos... estaban, aun antes de que Cristo resucitara, decididos a que ese acontecimiento

no ocurriera. Ellos no querían que Él resucitara e hicieron todo lo posible para que no lo hiciera. Así no actúan las personas que están buscando la verdad.[14]

La teoría del desvanecimiento

Esta teoría, sostenida por Michael Baigent y otros gnósticos, declara que Cristo simplemente se desmayó mientras estaba en la cruz y fue resucitado poco tiempo después. Recuerde, la muerte de Jesús fue confirmada múltiples veces, tanto en la cruz como posteriormente... *por verdugos profesionales*. El hombre más poderoso de la región, Poncio Pilato, requirió verificación de su muerte antes de entregarle el cuerpo a José. Incluso David Strauss, el famoso escéptico del siglo XIX, descarta la posibilidad de la teoría del desvanecimiento:

> Es imposible que uno que acababa de salir de la tumba medio muerto, débil y enfermo, que estuvo necesitando tratamiento médico, vendaje, fortalecimiento y extremo cuidado, y que al final sucumbió al sufrimiento, pudiera haber dado a los discípulos la impresión de que era un conquistador de la muerte y la tumba —de que era el Príncipe de la vida— lo cual era el fundamento de su futuro ministerio. Tal resucitación ... no tenía la posibilidad de haber cambiado su lamento en entusiasmo, o elevado su reverencia a adoración.[15]

El doctor Frank Young, médico con doctorado en microbiología, era un especialista en investigaciones de Scripps Research Center en

La Jolla, California, y quien luego se convirtió en el comisionado del Departamento de Administración de Alimentos y Medicamentos. Él me dijo, cuando era miembro de la iglesia que yo pastoreaba en San Diego, que la teoría del desvanecimiento era médicamente imposible. Jesús había sido golpeado hasta que no se le podía reconocer antes de ser puesto en la cruz, le habían atravesado clavos en sus manos y sus pies, le habían atravesado una lanza en el costado, y había perdido tremenda cantidad de sangre. Luego lo envolvieron ajustadamente con más de cincuenta kilogramos de ungüentos y lienzos, y lo pusieron en una tumba fría. Nadie hubiera podido sobrevivir a tal trato. Además, una vez dentro del sepulcro, ¿cómo pudo Jesús, en su débil condición, desenredarse del gran peso de los lienzos, romper el sello romano, empujar una roca de dos mil kilogramos, dominar a los guardias y buscar a los discípulos?

Tarde o temprano Jesús moriría, de cualquier modo, y de ahí en adelante cualquier predicación acerca de la resurrección cesaría completamente. En cualquiera de los casos, la iglesia cristiana no existiría hoy si no fuese por el hecho de la resurrección corporal de Jesús.

La teoría de la tumba equivocada

Esta teoría asume que las mujeres fueron a la tumba equivocada en la mañana de la resurrección, a pesar de que el texto muestra con claridad que estaban en la tumba correcta durante el entierro (Mateo 27.61; Marcos 15.47). Esa teoría no solo presenta a las mujeres como tontas, sino a la mayoría de la población de la ciudad, por creer que había ocurrido una resurrección en base a un error tan grande. Esta hipótesis también supone que la vida de los apóstoles cambiaría de forma dramática, y que la iglesia cristiana crecería y prosperaría durante los siguientes dos mil años en base a una total falta de evidencia. Usted puede tener la seguridad de que si se hubiese cometido tal error, los principales sacerdotes, que necesitaban desesperadamente al cuerpo como prueba de que no hubo resurrección, hubiesen ordenado la búsqueda de la tumba más extensa del mundo. Por supuesto, no hay evidencia histórica de que nada de eso haya sucedido.

La teoría de que se lo comieron los perros

Unos cuantos escépticos modernos, incluido John Crossan, cofundador del Seminario Jesús, han sugerido que unos perros salvajes se comieron el cuerpo de Jesús.[16] Sin duda inspirados por la excusa de que *mi perro se comió mi tarea,* usada a menudo en las escuelas por alumnos desobedientes, esa teoría no salió a la luz hasta casi dos mil años después de sucedidos los hechos y carece de evidencia para sustentarla.

La teoría de los secuestradores de cuerpos

Esta teoría tiene una serie de variantes dependientes de quién se supone que sea el culpable. Tal como ya lo discutimos, la sugerencia de que los discípulos se robaron el cuerpo no tiene sentido y añade más problemas que los que resuelve. Si los enemigos de Jesús o el miembro del concilio, José de Arimatea, se hubiesen robado el cuerpo, usted puede estar seguro de que los líderes religiosos lo hubieran presentado inmediatamente para acabar con la propagación de la nueva fe basada en la resurrección. Y es difícil de creer que las mujeres pudieron haberse robado el cuerpo considerando los soldados armados y una roca de dos mil kilogramos bloqueando la entrada al sepulcro. Recuerde, nadie creyó completamente el relato de las mujeres acerca del sepulcro vacío hasta que vieron al Cristo resucitado ellos mismos.

La teoría de la alucinación

Se ha sugerido que los discípulos estaban tan consternados por la muerte de su Maestro que alucinaron que había resucitado. Esas alucinaciones, por lo visto, fueron tan reales que aquellos que las experimentaron creyeron que realmente estuvieron hablando, tocando y comiendo con el Jesús resucitado. El problema con esta teoría se deriva del gran número de personas (más de quinientas) que debieron haber compartido las mismas alucinaciones. Pero en este caso, no solo más de quinientas de ellas debieron tener la misma alucinación, ¡todos deberían alucinar a la misma vez! ¿Y por qué esas alucinaciones en masa se detuvieron de repente para todos precisamente cuarenta días después que empezaron? ¡Y pensar que esa es la teoría que ha ganado mayor aceptación!

Un misterio revelado

Si la resurrección no fue un trampolín para dar inicio y sostener al cristianismo todos estos siglos, entonces ¿qué fue? La resurrección, a pesar de su envoltura sobrenatural, lo que es la razón principal para que cause tanto desagrado entre los escépticos, es simplemente la explicación más verosímil del origen del cristianismo en base a toda la evidencia.

Simon Greenleaf, persona clave en el desarrollo de la Escuela de Derecho de Harvard, es considerado universalmente como una de las mentes legales más diestras que este país ha producido. Después de evaluar la validez de los manuscritos del Nuevo Testamento y sus escritores, concluyó:

> Por lo tanto es imposible que ellos pudieran haber persistido en afirmar las verdades que han narrado, si Jesús realmente no hubiese resucitado de entre los muertos, y

no hubiesen conocido este hecho con la misma certeza
con que conocían todos los demás.[17]

No solo es el reconocimiento de la resurrección un hecho histórico
esencial para ayudar a entender cómo empezó la iglesia cristiana, es crucialmente importante para los buscadores de la verdad de hoy que se
preocupan por su destino eterno. Aquellos que creen en la resurrección
de Jesucristo pueden enfrentar la muerte y la eternidad con confianza, ya
que las Escrituras nos prometen que nosotros también recibiremos un
cuerpo resucitado como el suyo.

> Mas nuestra ciudadanía está en los cielos, de donde
> también esperamos al Salvador, al Señor Jesucristo; el
> cual transformará el cuerpo de la humillación nuestra,
> para que sea semejante al cuerpo de la gloria suya, por
> el poder con el cual puede también sujetar a sí mismo
> todas las cosas (Filipenses 3.20-21).

> He aquí, os digo un misterio: No todos dormiremos;
> pero todos seremos transformados, en un momento, en
> un abrir y cerrar de ojos, a la final trompeta; porque se
> tocará la trompeta, y los muertos serán resucitados inco
> rruptibles, y nosotros seremos transformados. Porque es
> necesario que esto corruptible se vista de incorrupción,
> y esto mortal se vista de inmortalidad. Y cuando esto
> corruptible se haya vestido de incorrupción, y esto
> mortal se haya vestido de inmortalidad, entonces se

cumplirá la palabra que está escrita: Sorbida es la muerte en victoria (1 Corintios 15.51-54).

Sin embargo, si la resurrección de Cristo es en verdad un fraude, entonces no hay esperanza para la humanidad. El apóstol Pablo explica la razón:

Porque si los muertos no resucitan, tampoco Cristo resucitó; y si Cristo no resucitó, vuestra fe es vana; aún estáis en vuestros pecados (1 Corintios 15.16-17).

Solo se requiere una cantidad mínima de fe para tener vida eterna. Creer en la resurrección de Cristo no es tan difícil considerando la cantidad de evidencia existente que la confirma.

Que si confesares con tu boca que Jesús es el Señor, y creyeres en tu corazón que Dios le levantó de los muertos, serás salvo (Romanos 10.9).

Capítulo siete

FÍJESE CÓMO AMA

Me muero… me muero… me…

Las palabras se repetían una y otra vez en el teléfono celular salpicado de sangre hasta que solo hubo silencio. La voz apenas audible y débil de Sarah se apagó antes que tuviese la oportunidad de darle su ubicación a la operadora del 911 al otro lado de la línea…

Bienvenida resonante al Año Nuevo

Para la mayoría, el día de Año Nuevo, el 1 de enero de 2008, comenzó como innumerables años anteriores. Millones de personas en casi todos los husos horarios asistieron a diversas festividades alrededor del mundo y esperaron con anticipación que el reloj diera la medianoche. Pero para la familia del taxista musulmán Yaser Abdel Said de Lewisville, Texas, no hubo desfiles ni partidos de fútbol en ese día… solo horror y tragedia.

El señor Said era un musulmán nacido en Egipto que había emigrado a los Estados Unidos en 1983. A los treinta años de edad, se había casado con una quinceañera llamada Patricia con quien rápidamente tuvo tres hijos: dos niñas, Amina y Sarah, y un niño llamado Islam en honor a la religión de Yaser.

Mientras sus hijas crecían, se obsesionó cada vez más con la influencia corrupta de la cultura occidental. Usando el Corán (libro sagrado del islam) como su guía, Yaser golpeaba a las chicas con frecuencia, quienes luego aparecían en la escuela con marcas de látigos en sus brazos y espaldas.[1]

Para contrarrestar el abuso, tanto Amina como Sarah se entregaban a sus tareas. Ambas eran consideradas por sus compañeros como genios.[2] Al llegar a la edad de dieciocho años, Amina ya había sido recompensada con una beca de veinte mil dólares para sus estudios universitarios. Mientras tanto, Sarah, de diecisiete años, soñaba con un trabajo en la profesión de medicina porque quería salvar vidas.[3]

Después de descubrir que sus dos hijas habían estado saliendo con chicos de la escuela que no eran musulmanes, Yaser amenazó con matar a Amina y Sarah. Se sintió justificado al lanzar tal amenaza debido a la enseñanza islámica que dice que las mujeres musulmanas solo pueden casarse con hombres musulmanes. Se consideraría un *asesinato de honor* que, según las leyes del islam, permite que un hombre musulmán mate a cualquier mujer en la familia que lo haya *avergonzado*.[4] Amina se lo confió a un amigo que posteriormente reportó a la policía que «su papá le dijo que se la llevaría de regreso a Egipto y ordenaría su muerte». Su padre le dijo: «Hacer eso allá es lo correcto, si deshonras a tu familia».[5]

El 1 de enero, Yaser engañó a sus hijas haciéndoles creer que las iba a sacar a cenar para celebrar el Año Nuevo. Se llevó a Sarah y Amina en su taxi color anaranjado al lujoso Hotel Omni Mandalay, en Irving. Antes que las chicas pudieran salir del auto, Yaser Abdel Said volteó y vació su pistola en los cuerpos de sus hijas en el nombre de Alá. Luego dejó el carro en la fila de taxis vacíos y huyó del lugar de los hechos. Los cuerpos acribillados de Sarah y Amina fueron hallados en el taxi como una hora después de la desesperada llamada al 911 que hizo Sarah.[6]

Se presentaron inmediatamente cargos de pena de muerte en contra de Yaser Abdel Said y se expidió una orden de arresto para el musulmán de cincuenta años.[7] Unos cuantos días después, la historia del señor Said apareció en el programa televisivo *America's Most Wanted*[8] y se ofreció una recompensa de diez mil dólares a cualquiera que diera información sobre su paradero.[9]

Antes de su muerte, Amina había puesto una foto suya en Internet con una leyenda que decía: «Yo no quiero… convertirme en un recuerdo». En la foto está usando la misma chaqueta color canela con capucha que tenía puesta cuando la policía descubrió su cuerpo sin vida junto al de su hermana.[10]

La Sharia

Las Naciones Unidas estiman que tal vez haya unos cinco mil asesinatos de honor anuales en todo el mundo.[11] No se necesita ni siquiera cometer una transgresión real para dar inicio a un ataque; simplemente la *mera percepción* de que una mujer ha deshonrado a su familia es suficiente.

La mayoría de esos asesinatos ocurren en países controlados por el islam,[12] aunque algunas comunidades de inmigrantes en el Reino Unido y los Estados Unidos también han mostrado señales cada vez mayores de tales sucesos.[13] Los asesinatos de honor son una forma de abuso en contra de las mujeres que se deriva de la Sharia. La Sharia es el conjunto de leyes religiosas musulmanas que gobierna todas las prácticas del islam, sin importar el país en el que vivan. Se basa en los principios hallados en el Corán, el texto religioso central del islam, y el Hadiz, que es un registro de las palabras de Mahoma, el fundador del islam del siglo VII.

Para la mayoría de nosotros en occidente, la subyugación de las mujeres bajo la ley Sharia es difícil de comprender. En el islam, se considera que el tamaño del cerebro de las mujeres es la mitad del de los hombres.[14] En Arabia Saudita, a las mujeres no se les permite manejar automóviles.[15] Los hijos de familias divorciadas siempre son entregados al esposo. Y las hijas siempre reciben la mitad de la cantidad de la herencia de sus hermanos.[16]

La violación se ha vuelto bastante común en los países musulmanes puesto que comprobar el crimen bajo la ley Sharia es prácticamente imposible, ya que el testimonio de una mujer es inadmisible. Cuatro hombres deben ser testigos del acto físico y estar dispuestos a testificar:

> Para que una mujer compruebe que se le violó en Pakistán, por ejemplo, cuatro hombres adultos de carácter «impecable» deben ser testigos de la penetración, según la ley Sharia.[17]

Otra declaración celebrada del Corán manda a los esposos a golpear literalmente a sus esposas hasta que queden sometidas:

> Los hombres permanecen superiores a las mujeres … Aquellas cuya perversidad tú temes, amonéstalas y llévalas a cámaras y golpéalas; pero si se someten a ti, entonces no busques manera de ir en su contra (Corán; Surah 4:34).

Hoy día, cientos de millones de musulmanes a nivel mundial están exigiendo la formación de un solo *Ummah* para todos en base a la ley Sharia. *Ummah* es una palabra árabe que se refiere a una «nación colectiva de creyentes». El plan musulmán es coaccionar a todas las naciones del mundo a que se unan bajo la Sharia, lo que los líderes musulmanes perciben que es la única solución moral a nuestra crisis global actual.[18] La ley Sharia, por supuesto, tendría prioridad por encima de cualquier otra legislación en existencia.

Aunque esa idea pueda parecer una exageración, ya se están dando pasos en muchos países occidentales alrededor del mundo para promover esta «expansión islámica», bajo el disfraz de inmigración y multiculturalismo. En efecto, en julio de 2008, el juez de más alta posición en Inglaterra, el presidente del tribunal Lord Phillips, dictaminó que la ley Sharia —en vez de la legislación inglesa— podría usarse para regular el matrimonio y las finanzas dentro de las comunidades musulmanas de ese país. En un instante, los derechos de las mujeres fueron lanzados retrógradamente hacia la oscuridad del siglo VII. Las mujeres musulmanas que viven en Gran Bretaña pueden ahora ser forzadas legalmente a casarse, incluyendo las menores de edad. Se les requerirá que se casen solo con hombres musulmanes y no pueden divorciarse de sus esposos, aun por razones de abuso. Y si sus esposos deciden divorciarse de ellas, pueden esperar perder la custodia de sus hijos.[19]

> Así que los ingleses que nos dieron la Magna Carta… y el fundamento de la ley estadounidense están lentamente sucumbiendo a los mandatos del intolerante islam y sembrando las semillas de su propia destrucción … Los musulmanes británicos que deseen vivir bajo la ley Sharia podrían quedarse en el país del cual vinieron,

o regresar a él. Pero su objetivo parece ser la dominación de Inglaterra, no la asimilación … No hay un debido proceso bajo la ley Sharia. Lord Phillips ha firmado la orden de muerte para su país …Una cosa es pelear una guerra y perder. Otra es rendirse voluntariamente sin luchar.[20]

A pesar que se ha puesto de moda hoy ignorar, restar importancia o criticar el rol que ha desempeñado Jesucristo en la formación de los ideales y las prácticas culturales occidentales modernas, el simple hecho es que nuestras libertades actuales no existirían si no fuera por su influencia. Las feministas radicales que apoyan el odio vehemente hacia los valores cristianos verían hoy un mundo como el de la mayoría de los países musulmanes si no hubiera sido por las enseñanzas de Jesús. Se necesita un examen de la manera en que las mujeres fueron tratadas en diversas culturas antiguas antes del tiempo de Cristo para verdaderamente entender el impacto que Él ha hecho.

Esto es griego para mí

Independientemente de tener una reputación por su superioridad filosófica, los griegos antiguos no obstante tenían una estima extremadamente baja por las mujeres. Por ejemplo, no se les permitía a las mujeres que salieran de la casa a menos que estuviesen acompañadas de un hombre.[21] Tampoco se les permitía divorciarse de sus esposos, aunque los hombres podían divorciarse de sus esposas en cualquier momento. Y si bien se les enseñaba a los niños a leer y escribir y se les entrenaba en las artes y los deportes, a las niñas se les mantenía sin educación deliberadamente.[22]

También se esperaba que las mujeres nunca hablasen en público. El famoso filósofo griego Aristóteles reforzó este punto cuando escribió: «El silencio da gracia a las mujeres».[23]

A las mujeres romanas se les dio un poquito más de libertad que a sus homólogas griegas; sin embargo, no recibieron los privilegios que disfrutaban y que daban por sentado los hombres. Un bajo concepto de las mujeres todavía era la orden del día, y como resultado directo, el infanticidio era mucho más común para las mujeres que para los hombres.[24] Las mujeres casadas eran puestas bajo la ley romana *manus*, que le daba al esposo control total y pertenencia de ella y sus posesiones.[25] Bajo *manus*, una mujer no podía heredar legalmente propiedades. Tampoco se podía divorciar de su esposo, aunque repito, él podía divorciarse de ella. Y como con los griegos, a las mujeres romanas no se les permitía hablar en público o testificar en corte.

Quizás la limitación más desgarradora de la libertad de una mujer se derivó de la cuarta tabla de las Doce Tablas de la Ley Romana. Este conjunto de reglas conocido como *patria potestas* le daba al hombre absoluto poder sobre su esposa e hijos y aun se extendía al área de la vida y la muerte, lo cual quería decir que el esposo podía pedir la ejecución de su esposa o hijo si así lo deseaba. El historiador Rudolph Sohm, escribiendo en *Los Institutos de la Ley Romana* en 1892, explica:

> [El esposo tenía] completa autoridad para castigar [golpear físicamente] a su esposa y, en algunos casos, incluso matarla, de la misma manera en que castigaría o mataría a su hijo.[26]

Esas leyes, que tuvieron sus inicios en el siglo V A.C., todavía estaban de moda hacia el año 18 A.C. cuando César Augusto las reforzó emitiendo *lex Julia de adulteriis*, que apoyaba a los esposos para que mandasen a ejecutar a sus esposas o hijas si descubrían que habían participado en el acto del adulterio.[27] Por supuesto, los esposos no estaban sujetos al mismo estándar. Los hombres podían salir con sus amantes en público sin tener que preocuparse de la amenaza de muerte o siquiera levantar una ceja, para tal caso.

Pero todo eso cambió pronto...

Todas las cosas son hechas nuevas

El concepto de que las mujeres eran intelectual y socialmente inferiores a los hombres —una idea que ha sido transmitida de generación en generación por cientos, si no miles, de años— fue repentinamente puesto patas arriba por la llegada de Jesucristo.

> Ya no hay judío ni griego; no hay esclavo ni libre; no hay varón ni mujer; porque todos vosotros sois uno en Cristo Jesús (Gálatas 3.28).

El pasaje bíblico anterior pone en claro que todas las personas, sin importar su raza, clase social o género, eran consideradas iguales ante los ojos de Cristo. Ninguna persona antes de Jesús jamás intentó presentar tal concepto. El erudito L. F. Cervantes escribió a fines de la década de los sesenta, un tiempo en que el movimiento feminista en los Estados Unidos estaba empezando a encenderse, que «el nacimiento de Jesús fue el momento crucial en la historia de las mujeres».[28]

Vea por ejemplo el respeto que Jesús mostró a la mujer samaritana con quien se encontró en el pozo:

> Vino una mujer de Samaria a sacar agua; y Jesús le dijo:
> Dame de beber. Pues sus discípulos habían ido a la
> ciudad a comprar de comer. La mujer samaritana le dijo:
> ¿Cómo tú, siendo judío, me pides a mí de beber, que soy
> mujer samaritana? Porque judíos y samaritanos no se
> tratan entre sí. Respondió Jesús y le dijo: Si conocieras
> el don de Dios, y quién es el que te dice: Dame de beber;
> tú le pedirías, y él te daría agua viva (Juan 4.7-10).

Aunque ese encuentro tal vez no parezca terriblemente inusual para nosotros hoy en nuestra cultura occidental moderna, usted debe entender que en *ese* tiempo en particular en la historia, tal intercambio hubiera sido inconcebible. No solo estaba Jesús hablando a una samaritana despreciada, ¡estaba hablando con una mujer en público! Después de regresar del pueblo, los discípulos de Jesús se asombraron por lo que vieron:

> En esto vinieron sus discípulos, y se maravillaron de
> que hablaba con una mujer; sin embargo, ninguno dijo:
> ¿Qué preguntas? o, ¿Qué hablas con ella? (Juan 4.27).

Jesús no solo estaba yendo en contra de los principios culturales al hablar con mujeres en público, tuvo la audacia de enseñarles acerca de asuntos espirituales también. La tradición rabínica de trescientos años antes registrada en el Talmud decía: *Que se quemen las palabras de la ley en vez de que se encomienden a una mujer.*[29] No se debía confiar a las mujeres el conocimiento de los conceptos espirituales. Sin embargo, Jesús no tuvo ningún reparo en quebrantar esas costumbres.

El apóstol Juan registra un encuentro entre Jesús y Marta en el que Él le presenta la esencia del evangelio. Es la única vez en que este diálogo importante aparece en alguna parte de la Biblia. Al reservar uno de sus discursos más importantes para ella, Jesús borró siglos de parcialidad en contra de las mujeres mostrando cuánto valorizaba su alma...

> Le dijo Jesús: Yo soy la resurrección y la vida; el que cree en mí, aunque esté muerto, vivirá. Y todo aquel que vive y cree en mí, no morirá eternamente. ¿Crees esto? Le dijo: Sí, Señor; yo he creído que tú eres el Cristo, el Hijo de Dios, que has venido al mundo (Juan 11.25-27).

Un papel importante

Como se mencionó anteriormente, la resurrección de Cristo es la piedra angular de la fe cristiana. Y sin embargo, fue *un grupo de mujeres* el que descubrió y anunció al mundo lo que posiblemente es uno de los hechos más cruciales de toda la historia. Aunque pudo aparecérsele con la misma facilidad a Juan o a Pedro, que también visitaron su sepulcro ese domingo en la mañana, Jesús en cambio decidió aparecerse a María Magdalena junto con un grupo de mujeres que incluía a María, Juana, Salomé y otras.

Recuerde, la cultura de ese entonces establecía que una mujer no podía hablar en público. Tampoco se podía usar a una mujer como testigo ocular. No obstante aquí, Jesús estaba contando con estas mujeres para realizar ambas tareas. El alto concepto que tenía Jesús de la dignidad de las mujeres pronto empezaría a infiltrarse en la cultura circundante y a la larga, se esparciría por todo el mundo occidental.

Después de la resurrección de Cristo, la iglesia empezó a crecer a un ritmo fenomenal. Las mujeres a quienes antes se les había prohibido que asistieran a servicios espirituales rápidamente comenzaron a participar con libertad. En efecto, las mujeres en realidad superan a los hombres en número en la iglesia primitiva.[30] El Nuevo Testamento registra los nombres de un número de mujeres incluidas Lidia, Apia, Priscila y Febe, que llegaron a ser líderes clave dentro de la iglesia.

Los historiadores de la iglesia reconocen que las mujeres eran sumamente activas en la iglesia primitiva, a menudo más que los hombres, y fueron claramente responsables de ayudarla a crecer al ritmo que tuvo.[31] Jesús había roto los lazos que durante siglos definieron a las mujeres como ciudadanas de segunda clase.

Libertad conyugal

Jesús trató a las mujeres con quienes se encontró con respeto, dignidad, estima y cuidado; y lo que es más importante, tan igual como a los hombres. En base a ese precepto, el apóstol Pablo escribió algo en su carta a la iglesia de Éfeso que cambió para siempre la relación entre esposos y esposas, y elevó el estatus de las mujeres a un nivel anteriormente desconocido en la historia.

> Maridos, amad a vuestras mujeres, así como Cristo amó
> a la iglesia, y se entregó a sí mismo por ella (Efesios
> 5.25).

Por primera vez, se les dijo a los hombres que valía la pena morir por sus esposas. Esto definitivamente nunca antes se había escuchado. Las mujeres estaban acostumbradas a ser amenazadas, golpeadas, aisladas y controladas. Ahora se les estaba pidiendo a sus esposos, a través de las enseñanzas de Cristo, que tratasen a sus esposas como iguales.

Las palabras y obras de Jesús en cuanto a la manera en que los esposos y esposas debían relacionarse estaban, por supuesto, perfectamente a la par con el plan original de Dios. En el libro de Génesis, se registra que el hombre y la mujer fueron *ambos* creados a la imagen de Dios, varón y hembra.[32] Por lo tanto, ambos merecen igualmente la misma dignidad y respeto. Aunque puedan tener roles y responsabilidades ampliamente distintos, el uno no está por encima del otro.

Los hombres que eran seguidores de Cristo ya no podían, en buena conciencia, mantener a sus esposas aisladas o amenazadas con golpearlas. Las enseñanzas y ejemplos de Jesús demostraron ser tan exitosos que para el año 374 A.D. el emperador Valentiniano hizo rechazar la ley *patria potestas*, que en efecto terminó más de mil años de supresión femenina legal.[33]

Demasiadas esposas

Las leyes y cultura de los antiguos griegos y romanos no permitían que los hombres tuvieran más de una esposa. Sin embargo, esto fue simplemente un detalle técnico ya que la mayoría de ellos tenían amantes, o por lo menos se les animaba a tenerlas. Otras sociedades en ese tiempo, en particular las del Medio Oriente, sí permitían matrimonios múltiples. La poligamia incluso se inmiscuyó en la cultura hebrea como lo ilustraron una cantidad de patriarcas del Antiguo Testamento incluyendo a Abraham, David y Salomón, que tuvieron múltiples esposas. Generalmente esto se hacía con el propósito de adelantar más rápido el proceso de maternidad.

La poligamia todavía era aceptable en el tiempo en que Jesús llegó al Medio Oriente. No obstante, siempre se refirió al matrimonio en el contexto de un hombre y una mujer. Según Jesús, el matrimonio era para dos y no más de dos:

> Por esto el hombre dejará padre y madre, y se unirá a su mujer, y los *dos* serán una sola carne. Así que no son ya más dos, sino una sola carne; por tanto, lo que Dios juntó, no lo separe el hombre (Mateo 19.5-6).

La defensa de la monogamia realizada por Jesús no solo era coherente con su alto concepto de las mujeres (que en última instancia hallaron humillante la práctica de la poligamia), sino también con el diseño original de Dios para el hombre y la mujer tal como se representó en el huerto del Edén.[34] A medida que el cristianismo empezó a propagarse por todo el mundo, la práctica de la poligamia comenzó a desvanecerse; excepto por supuesto en esas áreas del mundo donde el cristianismo no se había aceptado inmediatamente. Hubo, sin embargo, una excepción peculiar.

La poligamia jugó un papel importante durante la formación de la iglesia mormona en los Estados Unidos a mediados del siglo XIX. Al principio, el fundador Joseph Smith había recibido un «revelación divina» de un «ser angelical» que le mandó tomar más esposas … lo que sin duda fue toda una sorpresa para su esposa, Emma. Líderes mormones posteriores, incluyendo Brigham Young y otros, siguieron el ejemplo entusiastamente en los días subsiguientes.[35] Aunque dice ser una especie de denominación cristiana, el mormonismo en realidad es un paralelo mucho más cercano a la religión musulmana; especialmente en términos de su concepto referente a hombres teniendo relaciones sexuales con múltiples mujeres en el más allá.

En 1896, Utah, el estado controlado por los mormones, finalmente recibió entrada a la Unión norteamericana, pero solo después de acordar declarar ilegal los matrimonios polígamos. Este incidente proveyó otro ejemplo de cómo las enseñanzas de Cristo (concernientes a la definición del matrimonio) habían penetrado los cimientos de la ley estadounidense, como lo hizo en otras culturas occidentales. Hoy, abolida la supuesta directiva divina de practicar la poligamia, la iglesia mormona oficialmente ya no defiende tal conducta. Sin embargo, hay reportes de decenas de miles de mormones fundamentalistas en Utah (aquellos que se apegan a las estrictas enseñanzas de los fundadores de la religión) que continúan tomando múltiples esposas en secreto, creyendo que es un requisito necesario para entrar al reino celestial.[36]

Un encuentro musulmán

Hace poco hablé en una iglesia grande en uno de los estados del oeste de los Estados Unidos. El tema esa mañana era similar a algunos de los conceptos que se están presentando en este libro. Mientras hacía una lista de algunas de las muchas virtudes singulares de Jesús, mencioné que había hecho más que cualquier otra persona para elevar el estatus de las mujeres. Luego di algunos ejemplos. Al final del servicio pregunté si había alguien en el público que quisiera recibir a Jesús. Una mujer muy confiada y hermosa que parecía ser del Medio Oriente fue una de las primeras personas en pasar adelante. Inmediatamente descubrí que había sido musulmana toda su vida. Usaba un atuendo típico musulmán, pero era mucho más a la moda y colorido que los que estaba acostumbrado a ver. Ella dijo con seguridad: «Doctor LaHaye, quiero recibir a su Dios. Quiero ser libre de la represión del islam». Antes de ese servicio dominical matutino, sus vecinos le habían estado hablando de Jesús y la habían animado a ir a la iglesia con ellos. Al final del servicio, su corazón estaba listo para aceptar al Señor.

Ese incidente me recordó uno de los conceptos esenciales del islam que se refiere a las mujeres. Yo me había estado preguntando durante años por qué una mujer realmente desearía ser musulmana. Puesto que además de la represión que sufren en esta vida, pueden esperar una vida en el más allá que consiste nada más que en ser una de un grupo de mujeres a las que se les obliga satisfacer los caprichos sexuales de los hombres musulmanes que se les haya asignado... ¡para toda la eternidad! No es de sorprenderse que esa mujer estuviera ansiosa de conocer al Dios de la Biblia y la libertad que solo Él puede traer. Aunque parezca difícil de creer para algunos, es la enseñanza musulmana acerca del sexo en el más allá lo que fue principalmente responsable de la muerte de tres mil personas inocentes en Nueva York, Washington D.C., y Pensilvania el 11 de septiembre de 2001. Evidentemente, los diecinueve hombres terroristas islámicos ese día esperaban despertar de sus muertes abrasadoras en la otra vida rodeados de incontables vírgenes esperando satisfacer todos sus deseos sexuales. Eso es lo que se les había enseñado desde la niñez que sería su recompensa por matar a cristianos, a judíos y a estadounidenses en el nombre de Alá. Los hombres que continúan volándose en mil pedazos en varias ciudades del Medio Oriente casi todos los días están motivados de manera similar.[37]

He permanecido en contacto con el pastor de esa iglesia y he continuado recibiendo noticias recientes en cuanto al progreso de esa mujer en su nueva vida. Según el pastor, ella está bastante bien, asiste con regularidad al estudio bíblico y su relación con el Señor está creciendo firmemente. También está llena de un obvio sentimiento de gozo. Pero no va a tener un camino fácil. Dependiendo del nivel de expresión exterior de su nueva fe, puede esperar por lo menos ser aislada de ciertos miembros de su familia, y hasta incluso descubrir que su vida corra peligro. Eso es, en efecto, una verdadera posibilidad ya que su «crimen» contra Alá —profesar a Jesús como su Salvador personal— se considera mucho más serio que el «crimen» cometido por Sarah y Amina Said.

Defensor de los oprimidos

El amor que mostró Jesús a aquellos que lo rodeaban no se detuvo con elevar y honrar a las mujeres. Desde el principio, Jesús fue un defensor de los menos afortunados. El profeta Isaías había pronosticado el ministerio del Mesías setecientos años antes que apareciera con las siguientes palabras:

> El Espíritu de Jehová el Señor está sobre mí, porque me
> ungió Jehová; me ha enviado a predicar buenas nuevas
> a los abatidos, a vendar a los quebrantados de corazón,
> a publicar libertad a los cautivos, y a los presos apertura
> de la cárcel; a proclamar el año de la buena voluntad de
> Jehová (Isaías 61.1-2).

Jesús declaró tener exclusivamente el rol de Mesías después de leer públicamente este pasaje de la Biblia en voz alta y luego decir: «Hoy se ha cumplido esta Escritura delante de vosotros» (Lucas 4.21). Es significativo que detuviera esta declaración de su misión profética con las palabras «proclamar el año de la buena voluntad de Jehová» (Lucas 4.19), lo que quiso decir que su ministerio durante la era eclesiástica actual se enfocaría en actos de misericordia y amor.

En cierto momento, Jesús redujo toda la lista de mandamientos de Dios a solo dos: amar a Dios con todo tu corazón y amar a tu prójimo (véase Lucas 10.27). El mandamiento de amar al prójimo incorporaba su definición de lo que constituía un prójimo, lo que incluía a cualquiera que estuviese con necesidad, especialmente aquellos considerados como marginados sociales:

Mas cuando hagas banquete, llama a los pobres, los mancos, los cojos y los ciegos; y serás bienaventurado; porque ellos no te pueden recompensar, pero te será recompensado en la resurrección de los justos (Lucas 14.13-14).

Jesús continuamente discutía sobre la necesidad de ayudar a los menos afortunados enfatizando el hecho de que las recompensas eternas esperaban a aquellos que sabiamente escogían actuar en base a sus palabras:

Porque tuve hambre, y me disteis de comer; tuve sed, y me disteis de beber; fui forastero, y me recogisteis; estuve desnudo, y me cubristeis; enfermo, y me visitasteis; en la cárcel, y vinisteis a mí. Entonces los justos le responderán diciendo: Señor, ¿cuándo te vimos hambriento, y te sustentamos, o sediento, y te dimos de beber? ¿Y cuándo te vimos forastero, y te recogimos, o desnudo, y te cubrimos? ¿O cuándo te vimos enfermo, o en la cárcel, y vinimos a ti? Y respondiendo el Rey, les dirá: De cierto os digo que en cuanto lo hicisteis a uno de estos mis hermanos más pequeños, a mí lo hicisteis (Mateo 25.35-40).

La Biblia dice así

Recientemente me encontré con un guitarrista de música country llamado Kenny, un gigante de dos metros de estatura sin sus botas de vaquero. Como voluntario de varios ministerios de prisiones, Kenny había tocado en algunas de las cárceles más peligrosas de la nación.

Una noche, me contó sobre la ocasión en que le habían asignado a cantar en la sección de aislamiento en una cárcel particularmente peligrosa. Cuando llegó, los presos comenzaron a gritar en voz alta: «¡Música! ¡Música! ¡Música!» mientras golpeaban sus puños contra cualquier cosa que hiciera ruido. Los oficiales de la custodia le quitaron el seguro a la entrada solo lo suficiente para que el cantante y su guitarra pasasen apretadamente, y luego cerraron la puerta de un golpazo y con llave. Kenny de pronto se halló en el ambiente más aterrador y hostil que jamás había estado.

Una atmósfera de odio penetró la sala. Este grupo interracial de presos parecía estar listo para desquitar su odio y frustración con cualquiera que encontrase, y Kenny era su blanco más cercano. Un preso miró fijamente a Kenny con ojos punzantes que parecían decir: «Si te pongo las manos encima, ¡se acabó!»

Mientras rasgaba unas cuantas cuerdas de su guitarra, Kenny elevó una oración silenciosa a su Padre celestial: «*Señor, ¿qué quieres que les diga a estos hombres?*» Y antes de darse cuenta estaba cantando las palabras de una simple canción infantil:

> Cristo me ama bien lo sé.
> Su Palabra me hace ver
> Que los niños son de Aquel
> Que es nuestro amigo fiel.
> ¡Sí, Cristo me ama!

¡Sí, Cristo me ama!
¡Sí, Cristo me ama!
La Biblia dice así.

En el momento que terminó, inmediatamente se reanudaron los gritos y los golpes... ¡solo que esta vez estaban pidiéndole a Kenny que cantara otra vez! La segunda vez, muchos de los hombres comenzaron a cantar silenciosamente. Para el total asombro de Kenny, aun el hombre lleno de odio que lo había mirado fijamente antes, estaba moviendo los labios en silencio diciendo: «Sí, Cristo me ama». Y cuando todo terminó, muchos de los presos tenían lágrimas brillando en sus mejillas.

Dándose cuenta de que Dios estaba quebrantando esos corazones endurecidos, Kenny empezó a contar su propia historia: cómo había aceptado a Jesús en su vida en las rodillas de su madre cuando tenía siete años de edad; cómo había tomado muchas malas decisiones mientras estaba en el mundo de la farándula; cómo había cometido todo pecado representado por los hombres en esa cárcel; y cómo después de arruinar su vida le había clamado a Dios pidiendo perdón, descubriendo que su Creador aún lo amaba.

Aquella tarde, muchos de aquellos hombres se humillaron ante Dios y recibieron a Cristo en sus vidas, ante el completo asombro de los oficiales de la cárcel. Muchos de esos hombres por primera vez fueron confrontados con que verdaderamente había un Dios en el cielo que los amaba y que tenía un plan para sus vidas. Otros, como Kenny, habían sido cristianos mucho antes y le habían dado la espalda a Dios para poder darse gusto en una vida dominada por sí mismos que incluía drogas, crimen y acciones abominables.

Si decimos que no tenemos pecado, nos engañamos a nosotros mismos, y la verdad no está en nosotros. Si confesamos nuestros pecados, él es fiel y justo para perdonar nuestros pecados, y limpiarnos de toda maldad (1 Juan 1.8-9).

Yo creo que muchas de las personas que viven vidas pecaminosas y rebeldes lo hacen porque nunca se les ha dicho o porque no han experimentado verdaderamente el maravilloso amor que Dios tiene por toda la humanidad y por ellos como individuos. Es raro realmente que un pecador acérrimo haya estado consciente o entendido el amor de Dios. Esto es lo que hace único al cristianismo por encima de las religiones creadas por los hombres en todo el mundo; puesto que está basado en la demostración de amor más grande jamás realizada.

Amen a sus enemigos

Jesús, por supuesto, sabía que la fuerza más grande en el universo era el amor, y continuamente demostró ese concepto mientras estuvo en la tierra. El amor de Dios y el de su Hijo son exclusivos del cristianismo. La mayoría de las demás religiones del mundo están basadas en el temor. El islam, por ejemplo, la segunda religión más grande del mundo después del cristianismo, es una de esas. Como hemos visto, sus escrituras fomentan odio y violencia mandando a sus seguidores a «matar a los infieles», aquellos que rehúsan inclinarse a Alá o su profeta Mahoma. Un examen imparcial de la vida histórica de Mahoma del siglo VII es un estudio de asesinatos, caos y masacres. En contraste, Jesucristo enseñó a sus discípulos a amar, ¡al punto que les recomendó: que «amen a sus enemigos»!

> Oísteis que fue dicho: Amarás a tu prójimo, y aborre-
> cerás a tu enemigo. Pero yo os digo: Amad a vuestros
> enemigos, bendecid a los que os maldicen, haced bien a
> los que os aborrecen, y orad por los que os ultrajan y os
> persiguen (Mateo 5.43-44).

Si el mundo hubiera seguido tan solo esa enseñanza de Jesús, piense en los miles de millones de vidas inocentes que pudieron haberse salvado a través de los siglos en todas nuestras guerras. No obstante, a pesar de lo lógico y brillante de tal mandamiento, el hombre continúa matando, torturando, persiguiendo y esclavizando a su prójimo.

Amor incomprensible

> Porque de tal manera amó Dios al mundo, que ha dado
> a su Hijo unigénito, para que todo aquel que en él cree,
> no se pierda, mas tenga vida eterna (Juan 3.16).

Se ha dicho que este es el versículo más famoso (y más querido) de toda la Biblia. Yo he estado al lado de la cama de varias personas a las que he visto traspasar la puerta de la eternidad hacia el futuro maravilloso de Dios con esas benditas palabras en sus labios. A veces estaban tan débiles que solo podían mover los labios en silencio con esas palabras promete- doras mientras se «escapaban de las ataduras de esta tierra». Muchos no creyentes han acudido a Cristo una vez que han sido confrontados con la increíble verdad de que Dios los ama y los ha amado desde el momento de la creación. La prueba de ese amor yace en el hecho de que dio a su Hijo como sacrificio por nuestros pecados para que pudiésemos ser reconciliados con Él y tener vida eterna:

> En esto se mostró el amor de Dios para con nosotros, en que Dios envió a su Hijo unigénito al mundo, para que vivamos por él. En esto consiste el amor: no en que nosotros hayamos amado a Dios, sino en que él nos amó a nosotros, y envió a su Hijo en propiciación por nuestros pecados. Amados, si Dios nos ha amado así, debemos también nosotros amarnos unos a otros (1 Juan 4.9-11).

Una vez le expliqué el evangelio a un ateo hablador cuando nos sentamos juntos en un avión. Después, me dijo: «Yo no sé cómo la sangre de un hombre puede lavar los pecados de toda la gente que ha vivido». Para su asombro, estuve de acuerdo con él diciendo: «Tiene razón, la sangre de un hombre no podría lavar ni siquiera su propio pecado, y ni hablemos de los de trece mil millones de otros». Pero por eso es que la identidad de Jesucristo es tan importante. Como puede ver, si Jesús fuera solo el producto biológico de José y María, no calificaría como un sacrificio adecuado por el pecado. No obstante, si es el Hijo de Dios nacido de una virgen, y capaz de evitar la maldición del pecado de Adán al no tener padre biológico, verdaderamente sería Dios en forma humana, lo cual es exactamente la manera en que lo describe la Biblia. Su sufrimiento y muerte en la cruz con toda seguridad serían capaces de limpiar permanentemente los pecados de todos los que han vivido. Esta es definitivamente la expresión de amor más grande jamás demostrada.

> Haya, pues, en vosotros este sentir que hubo también en Cristo Jesús, el cual, siendo en forma de Dios, no estimó el ser igual a Dios como cosa a que aferrarse, sino que se despojó a sí mismo, tomando forma de siervo, hecho semejante a los hombres; y estando en la condición de hombre, se humilló a sí mismo, haciéndose obediente hasta la muerte, y muerte de cruz (Filipenses 2.5-8).

Si Jesús hubiera tenido aunque fuera una partícula de pecado dentro, nunca habría calificado como sacrificio universal. Pero el hecho de que al tercer día resucitó de entre los muertos demuestra que Dios aprobó su sacrificio. Todo el mensaje del cristianismo depende de la impecabilidad de Jesucristo.

> Al que no conoció pecado, por nosotros lo hizo pecado, para que nosotros fuésemos hechos justicia de Dios en él (2 Corintios 5.21).

He tenido el privilegio de visitar Israel trece veces a lo largo de mi vida. Muchos lugares dentro de Jerusalén y a su alrededor son realmente inspiradores; como el Jardín del Sepulcro donde Jesús resucitó, o el monte de los Olivos donde dio su tremendo discurso profético acerca de los *últimos días*. Fue aquí donde también emitió su Gran Comisión, la cual dio ánimos a su iglesia para ir por todo el mundo y predicar el evangelio. Sin embargo, el lugar que realmente me hizo llorar y trajo como resultado la rededicación de mi vida a Cristo fue el huerto de Getsemaní. Nuestro guía explicó que algunos de los olivos circundantes tenían 2,500 años, lo que significa que pudieron haber sido testigos silenciosos de las acciones de Jesús cuando oró agonizantemente:

> Y él se apartó de ellos a distancia como de un tiro de
> piedra; y puesto de rodillas oró, diciendo: Padre, si
> quieres, pasa de mí esta copa; pero no se haga mi volun-
> tad, sino la tuya. Y se le apareció un ángel del cielo para
> fortalecerle. Y estando en agonía, oraba más intensa-
> mente; y era su sudor como grandes gotas de sangre que
> caían hasta la tierra (Lucas 22.41-44).

Jesús no estaba tratando de evitar la crucifixión, la cual estaba a la vuelta de la esquina. Pero sabía que tendría que cargar sobre sí todo pecado cometido por alguien —pasado, presente y futuro— toda violación, asesinato, mentira, robo y abuso sexual de niños. También sabía que esto lo separaría de su Padre por primera y única vez. No solo eso, su Padre en el cielo tendría que estar al margen y permitir que su Hijo sufriera una muerte espantosa. Esa fue la hora más tenebrosa de nuestro Señor. Pero la atravesó por su amor infinito por nosotros, a pesar de nuestro pecado y rebelión contra Él. No es de sorprenderse que el escritor de himnos, Frederick Lehman, se conmoviera y escribiera lo siguiente:

> El amor de Dios es mucho más grande
> Que lo que pueda decir la lengua o la pluma;
> Va más allá de la más alta estrella,
> Y alcanza al infierno más inferior;
> A la pareja culpable, inclinado con afecto,
> Dios dio a su Hijo para que se los ganase;
> A su criatura errante Él reconcilió,
> Y le perdonó su pecado.
> Oh, amor de Dios, ¡qué rico y puro!
> ¡Cuán inmensurable y fuerte!
> Para siempre sostendrá
> la canción de los santos y de los ángeles.

Dios Padre y su Hijo unigénito le aman y quieren que usted disfrute de estar en la familia de Dios. Algunos dirán: «Pero yo no merezco estar en la familia de Dios». Bueno, ¡yo tampoco! Pero Jesucristo nos amó tanto que murió y resucitó para salvarnos. No puedo mejorar las palabras inmortales del apóstol Pablo, que dijo:

> ¿Quién nos separará del amor de Cristo? ¿Tribulación, o angustia, o persecución, o hambre, o desnudez, o peligro, o espada? ... Antes, en todas estas cosas somos más que vencedores por medio de aquel que nos amó. Por lo cual estoy seguro de que ni la muerte, ni la vida, ni ángeles, ni principados, ni potestades, ni lo presente, ni lo por venir, ni lo alto, ni lo profundo, ni ninguna otra cosa creada nos podrá separar del amor de Dios, que es en Cristo Jesús Señor nuestro (Romanos 8.35, 37-39).

Capítulo ocho

TODAVÍA NO SABEN LO QUE HACEN

En 1945, mientras excavaba algunas cuevas cerca del pueblo de Nag Hammadi en Egipto, se dice que un campesino egipcio descubrió una gran vasija de barro enterrada bajo la arena. Adentro había doce códices (libros) de papiro con estuche de cuero con fecha que se remontaba a los siglos III y IV. Escritos en el idioma copto, los manuscritos consistían de cincuenta y dos tratados principalmente de temas gnósticos. El más notable era uno de texto casi completo de lo que llegó a conocerse como el Evangelio «perdido» de Tomás.[1]

En el transcurso de las siguientes décadas, el contenido de esos textos, apodado la biblioteca Nag Hammadi, se traduciría en numerosos idiomas y gradualmente se expuso al público. Lo que la gente no sabía era que una gran especie de avivamiento estaba por ocurrir.

El trabajo preliminar

Elaine Pagels, profesora de religión de la Universidad de Princeton en Nueva Jersey, estaba estudiando para su doctorado en Harvard en 1969 cuando de pronto se halló en el equipo que estaba analizando los manuscritos Nag Hammadi. Esta experiencia al final la llevó a escribir el éxito de librerías *Los evangelios gnósticos* una década después. El libro prosiguió a ganar tanto el premio National Book Award como el National Book Critics Award y fue elegido por Modern Library como uno de los mejores cien libros de no ficción del siglo XX.[2] No obstante, el Intercollegiate Studies Institute también lo listó como uno de los peores cincuenta libros del siglo XX.[3]

En 1982, el místico Michael Baigent, junto con los coautores Richard Leigh y Henry Lincoln, publicaron el libro *El enigma sagrado*. La controversial obra internacional de gran éxito de ventas promovió la hipótesis gnóstica de que Jesús y María Magdalena habían estado casados y engendrado uno o más hijos cuyos descendientes al final emigraron a Francia. A pesar de que Baigent y compañía presentaron sus teorías de la conspiración y misterios antiguos como si fuesen hechos, a los historiadores académicos les pareció que el libro debió haberse clasificado como *pseudohistórico* debido a su naturaleza especulativa e inapropiadamente fundada.[4] Sin embargo, esos mismos conceptos serían tomados prestados exitosamente y llevados a la ficción veinte años después por el autor Dan Brown en su famosa obra de suspenso, *El código Da Vinci*, en el que incluso se refiere a la obra de Baigent por nombre.[5]

El 26 de junio de 2000, ABC News transmitió un especial de dos horas titulado *The Search for Jesus* [En la búsqueda de Jesús] presentado por el difunto Peter Jennings. El controversial programa fue recibido con altas calificaciones y evaluaciones elogiosas por parte de los críticos. Sin embargo, la esperanza de los televidentes que sintonizaron el programa en busca de una presentación imparcial de interés periodístico sobre las verdades históricas referentes a Jesús quedó destrozada en los primeros minutos.

Más de la mitad de los «expertos» entrevistados por Jennings eran miembros de la organización antibíblica de Funk y Crossan llamada Seminario Jesús. El resto era asimismo liberal y débil en su presentación de información relacionada con la Biblia, con un erudito bíblico puesto en forma simbólica a quien se le editó lo que decía para ponerlo fuera de contexto a fin de apoyar el plan predeterminado de ABC que era socavar el cristianismo histórico delante de sus decenas de millones de televidentes. La narración de Jennings, sin sorprender, simpatizaba con la del Seminario Jesús.[6]

En el transcurso del programa, se presentaron como hechos los siguientes temas gnósticos principales:

1. Las creencias cristianas tradicionales no están basadas en la evidencia.

2. Los cuatro evangelios se contradicen entre sí y no está claro quién realmente los escribió.

3. Jesús fue un hijo ilegítimo. No nació en Belén y su madre, María, tampoco era virgen.

4. Jesús no hizo milagros. Sus actos de sanidad fueron por naturaleza psicosomáticos.

5. La traición de Jesús cometida por Judas (cuyo nombre significa «judío») debería clasificarse como ficción antisemita.

6. Jesús no murió por los pecados del mundo.

7. Jesús fue enterrado en una tumba poco profunda, no en un sepulcro. Su cuerpo no resucitado muy probablemente fue consumido por perros salvajes.

La intención obvia del programa fue socavar al cristianismo histórico a todo nivel, incluida la resurrección, lo más importante en cuanto a Cristo. Peter Jennings, no obstante, fue lo suficientemente inteligente para saber que el cristianismo no hubiera sobrevivido todo este tiempo si no hubiese sido por la resurrección, e incluso dijo algo así en el programa:

> Las religiones místicas y sus dioses perdieron toda credibilidad hace siglos. No fue así con la resurrección de Jesús. Sus seguidores se apegaron a su historia a pesar de haber sido perseguidos y, como sabemos, el movimiento de Jesús creció y prosperó, razón por la cual algunos eruditos eminentes creen que en verdad hubo una resurrección.[7]

Observe que Jennings nunca admite que la resurrección sucedió en verdad, solo que algunos eruditos *creen* que sí porque los discípulos tercamente «se apegaron a su historia».

El trabajo preliminar quedó establecido. Se planificaron numerosos libros más orientados hacia el gnosticismo así como varios especiales de televisión, listos para ser lanzados a un público desprevenido. El escenario estaba preparado para llevar el arrollador avivamiento gnóstico hacia el siglo XXI.

Un año excepcional

De la manera en que salieron las cosas, el año 2003 resultó excepcional para darle preponderancia al gnosticismo antiguo. El 18 de marzo de ese año, *El código Da Vinci* de Dan Brown fue publicado e inmediatamente se disparó al primer lugar de la lista de éxitos de librería de ficción del *New York Times* durante su primera semana ante el público, una hazaña verdaderamente asombrosa para un autor desconocido. Después de un año, el libro todavía estaba vendiendo entre 80,000 y 90,000 ejemplares a la semana ¡y ya estaba en su quincuagésima sexta edición![8]

También en 2003, Elaine Pagels publicó la obra subsiguiente a *Los evangelios gnósticos* titulada *Más allá de la fe: El evangelio secreto de Tomás*. En este best seller de no ficción del *New York Times*, Pagels intentó desacreditar completamente el Evangelio de Juan mientras que al mismo tiempo elevaba al evangelio gnóstico de Tomás por encima de la Biblia.[9]

Ocho meses después de la publicación de *El código Da Vinci*, ABC News presentó un especial televisivo en su horario de mayor audiencia titulado *Jesus, Mary, and Da Vinci* [Jesús, María y Da Vinci] que sugería que algunos de los temas en el libro quizás no habían sido tan ficticios después de todo. Enfatizando el punto, Dan Brown apareció en el programa *Good Morning America,* de ABC, temprano ese mismo día diciendo que él quizás no hubiese cambiado ningún material histórico si el libro hubiera sido no ficción.[10] Las ventas de *El código Da Vinci* subieron a las nubes después del impresionante doble puño publicitario de ABC.

Para no quedarse atrás, el programa *Dateline,* de NBC, presentó *The Mystery of the Jesus Papers* [El misterio de las cartas privadas de Jesús] en abril de 2006. El programa empezó con la pregunta: «¿Qué tal si todo lo que usted sabe acerca de Jesús está equivocado?» Como se hizo nota anteriormente, el invitado Michael Baigent aseveró con audacia, durante su entrevista, que lo que el público en general cree saber de Jesús es «una obvia mentira».[11]

En mayo de 2006, la versión cinematográfica de *El código Da Vinci*, con la actuación estelar de Tom Hanks, se estrenó a nivel mundial y se convirtió en la película más taquillera de esa semana, recolectando más de setenta y siete millones de dólares tan solo en los Estados Unidos.[12] La campaña publicitaria de Sony prometió al público que si iban a ver la película, «descubrirían el misterio más grande de todos los tiempos».[13] ¿Y cuál era ese misterio? Que Jesús y María Magdalena estaban casados y habían concebido un hijo.

Durante los primeros siete años del nuevo milenio, Jesucristo apareció en las portadas de las revistas *Time, Newsweek* y *U.S. News & World Report* un total combinado de casi veinte veces. Como ya resaltamos antes, casi todos los artículos publicados reflejaban los mismos temas gnósticos compartidos por los libros, películas y especiales televisivos mencionados anteriormente.

Si bien los detalles específicos de esa continua campaña relámpago gnóstica difiere de un artículo a otro, de un libro a otro, o de programa a programa, las conclusiones son siempre las mismas… la Biblia está equivocada, Jesús no es divino y la mayor parte del cristianismo es mentira. Lo que es más, esas presentaciones cuidadosamente ingeniadas y sesgadas no tienen como objetivo los eruditos o teólogos del mundo, los cuales pueden debatir, examinar y verificar intelectualmente los méritos de tales teorías a la luz del manuscrito o la evidencia arqueológica. No, la intención es simplemente influenciar al público en general. Evitando la ruta normal de la investigación histórica, esos conceptos gnósticos antiguos reempaquetados para una cultura del siglo XXI tienen como objetivo alcanzar directamente a las masas. Su meta es desanimar, crear duda y, a la larga, fomentar la confusión y desesperanza no solo entre los creyentes, sino en aquellos que sinceramente están buscando la verdad.

Reconstrucción extrema: Edición gnóstica

Los gnósticos creen que sus textos representan la esencia real de la verdad cristiana tal como se concibió originalmente, pero debido a la «institución siniestra de la iglesia organizada» esta verdad ha estado oculta del público. Por lo tanto, lo que la mayoría de los cristianos sostienen hoy como verdad bíblica, dicen ellos, es una invención defectuosa que se las ha ingeniado para reprimir la «verdad real» del gnosticismo durante veinte siglos. Si el contenido de esos documentos gnósticos es realmente cierto, entonces con toda seguridad se necesita una completa reconstrucción del cristianismo. Pero, ¿es cierto?

Los defensores gnósticos dicen que todos los historiadores, teólogos y creyentes de todos los siglos han sido engañados, y que las millones de vidas alrededor del mundo que han sido cambiadas dramáticamente para bien como resultado de una fe en Cristo han sido un error. La inspiración detrás de las grandes obras de arte del mundo; el motivo para construir hospitales; la asistencia humanitaria provista por grupos cristianos; la elevación de las mujeres como resultado de las enseñanzas de Cristo; la evidencia arqueológica de la Biblia exhibida en los museos del mundo; la reverencia hacia Jesús... ¿podría ser todo eso resultado de una gran conspiración engañosa?

Puesto que las principales declaraciones del gnosticismo hoy son diametralmente opuestas a todo lo que los cristianos valorizan con cariño, es imperativo saber cuál punto de vista tiene las llaves de la verdad. La pregunta crucial es: ¿precedió el gnosticismo al cristianismo como dicen los gnósticos, o es al revés? ¿Tuvieron éxito los seguidores del cristianismo tradicional al reprimir la «alternativa del cristianismo» llamada gnosticismo?

Es aceptado en forma general que el ministerio de Jesús se llevó a cabo a comienzos de la década del año 30 A.D. Aquellos que eran sus más allegados, los apóstoles, documentaron por escrito sus experiencias y relatos como testigos oculares. Todos los manuscritos que conforman el Nuevo Testamento fueron escritos durante el primer siglo empezando en los años cincuenta —o posiblemente antes—, con el texto final, el libro profético de Apocalipsis, escrito durante principios hasta mediados del año noventa por el apóstol Juan a edad anciana mientras estaba encarcelado en la isla de Patmos.

Los textos gnósticos, por otro lado, no se originarían hasta el segundo siglo, aunque aquellos que los promueven hoy han tratado lo mejor posible de argumentar que esos manuscritos tenían fechas más antiguas.[14] El motivo es porque cuanto más cercana es la creación de un manuscrito al acontecimiento que discute, más peso tiene.

El doctor Craig Evans, profesor de Nuevo Testamento de Arcadia Divinity College en Nueva Escocia, se horrorizó al darse cuenta de que los eruditos a favor del gnosticismo estaban tratando de fabricar las fechas de varios manuscritos gnósticos mientras trabajaban en un documental para National Geographic:

> Hay una erudición sigilosa en funcionamiento. Lo que he notado es esta tendencia a tomar lo que claramente son fuentes del siglo II, si no postreras, y ponerlas a escondidas en un período más antiguo, para tratar de lograr que los documentos posteriores como el Evangelio de Tomás y el Evangelio de María o tal vez incluso el Evangelio de Judas entren clandestinamente —y lo más cerca posible— al final del primer siglo. Y entonces usted los puede escuchar en referencia a los evangelios del Nuevo Testamento y otros escritos del Nuevo Testamento haciendo exactamente lo opuesto, empujándolos lo más cerca del final del primer siglo, tal vez incluso en

algunos casos hasta el principio del segundo siglo, para
que puedan entonces empezar a hablar con gran soltura
de los primeros escritos «cristianos». Y esa es la parte que
encuentro frustrante.[15]

Los textos que a la larga establecieron el fundamento del cristianismo
tradicional fueron todos escritos poco tiempo después de haber ocurrido
los sucesos que describen. No solo eso, sino que los registraron aquellos
que estaban mejor calificados para hacerlo: los testigos oculares. Además,
los manuscritos fueron circulados rápidamente y discutidos en las regiones circundantes mientras otros testigos que podían objetar cualquier
contenido inexacto todavía estaban vivos. No se puede decir lo mismo de
los manuscritos gnósticos, los cuales no se escribirían hasta el segundo,
tercero y cuarto siglos; tiempo suficiente para desarrollar un concepto
alterno de la vida de Cristo, especialmente con todos los testigos oculares
fallecidos para entonces, desde hacía tiempo.[16]

Durante el segundo siglo, los que estaban en rebelión contra la fe
cristiana, que incluían escritores como Basílides, Carpócrates, Saturnino
y Valentinus, escribieron sus propias versiones de la historia de Cristo.
El Evangelio de Pedro, el Evangelio de los Ebionitas, el Evangelio de
los Egipcios y, por supuesto, el Evangelio de Tomás, son ejemplos de
tales manuscritos. Otras obras con títulos como el Evangelio de Felipe,
el Evangelio de María Magdalena, el Evangelio del Salvador, el Libro
secreto de Juan, el Apocalipsis de Pedro, y la Hipóstasis de los arcontes
continuaron en los siglos subsiguientes.

Justino Mártir fue el primer escritor antiguo en dedicarse casi exclusivamente a defender la fe cristiana en contra de la creciente ola de tales
herejías. Su primera obra, *La Primera Apología de Justino Mártir*, apareció
en el año 155 A.D. (*apología* es una palabra griega que significa *en defensa
de* y no debe confundirse con la definición inglesa *lamentarse de*). El

deseo gnóstico de cambiar y alterar los hechos involucrados en la vida de Cristo y el contenido de sus enseñanzas fue uno de los factores motivadores detrás de la aspiración de Justino Mártir para componer evaluaciones detalladas de ese movimiento alterno.

Otros apologistas al poco tiempo siguieron el ejemplo de Justino, incluidos Ireneo, Tertuliano, Clemente de Alejandría y Orígenes. Hacia el siglo III, se había recopilado una enorme cantidad de datos de esas fuentes que daban validez a la exactitud de las Escrituras del Nuevo Testamento a la vez que, simultáneamente, mostraban imprecisiones históricas y objetivas de los escritos gnósticos.

Se incluye dentro de ese período la infame reunión que se llevó a cabo en Nicea en el año 325 A.D., bajo la dirección del emperador romano Constantino. Los simpatizantes gnósticos generalmente tildan a Nicea como una jugada sucia pues dicen que ahí fue donde se determinó qué libros finalmente se incluirían en la Biblia.[17] Ellos cuestionan, por ejemplo, el motivo por el que se incluyó el Evangelio de Juan y no el Evangelio de Tomás; o por qué se escogió el libro de Apocalipsis y no la Hipóstasis de los arcontes. Los promotores gnósticos modernos desde entonces han adoptado la creencia de que ya estaba en marcha una conspiración antigua para reprimir sus puntos de vista; una conspiración que en cierto modo ha tenido éxito en ocultar al mundo las verdades del gnosticismo.

Todo es una falla de Juan

En su libro *Más allá de la fe: El evangelio secreto de Tomás*, la autora Elaine Pagels le echa la culpa directamente al apóstol Juan por la supresión del gnosticismo:

Muchos cristianos hoy que leen el Evangelio de Tomás suponen al principio que está sencillamente equivocado, por lo que se le llama merecidamente herejía. No obstante, lo que los cristianos han llamado gnóstico en tono despreciativo y hereje a veces resulta ser formas de enseñanza cristiana que simplemente son desconocidas para nosotros; desconocidas precisamente debido a la oposición activa y exitosa de cristianos como Juan.[18]

Según Pagels, la gran conspiración contra el gnosticismo empezó con el apóstol Juan, a quien las Escrituras del Nuevo Testamento identifican como *el discípulo que Jesús amaba*. Juan obviamente tenía un lugar especial en el corazón de Jesús y estuvo incluido en los acontecimientos más extraordinarios de Cristo, como la Transfiguración. Juan fue quien se sentó junto a Jesús y descansó en su pecho durante la Última Cena. Y fue el primer discípulo en creer que Jesús había resucitado después que corrió al sepulcro en la mañana de la resurrección y lo halló vacío, salvo los lienzos.[19]

Que Pagels acuse a Juan de entre toda la gente como el mayor responsable de distorsionar la verdad acerca de Jesús (lo que al final condujo al supuesto encubrimiento más grande de la historia universal) es verdaderamente insensato en el mejor de los casos. Juan estaba claramente en una de las mejores posiciones posibles para documentar con precisión lo que había visto. Para entender por qué señalaría a Juan en particular, debemos reconocer que todo lo que escribió en el Nuevo Testamento muestra una preocupación por la naturaleza de Cristo, confirmando que era en verdad singular entre todos los hombres, el Mesías, el Hijo de Dios, deidad en carne humana. Y es este énfasis lo que hace que los escritos de Juan sean totalmente incompatibles con la perspectiva gnóstica de hoy.

Un momento crucial

Lo que dificulta las definiciones del gnosticismo es la presencia de conceptos conflictivos dentro de una misma categoría. Por ejemplo, algunos creen que Jesús no murió en la cruz sino que simplemente se desmayó y después fue revitalizado. Otros creen que murió en la cruz y que luego se robaron su cuerpo. Aunque las dos teorías están en conflicto entre sí y ambas no pueden ser ciertas, son clasificadas como gnósticas ya que niegan la realidad de la resurrección.

Algunos historiadores han intentado cernir las ideas contradictorias que constituyen el gnosticismo para tratar de solidificar una especie de teología fundamental de ello, y han ideado tres puntos básicos, todos los cuales están diametralmente opuestos a la teología judeocristiana aceptada.

1. El gnosticismo abarca la idea de que dios tiene dos identidades distintas: el dios bueno, incognoscible y trascendente; y el dios malo, cognoscible y creador.

2. La creación contiene tanto el bien como el mal dentro del gnosticismo. El creador hizo que ciertos aspectos de la creación fuesen malos desde el principio. La luz, el espíritu y el conocimiento representan lo que es bueno, mientras que la oscuridad, la materia, la carne y la ignorancia simbolizan todo lo que es malo.

3. La salvación ocurre a través del conocimiento secreto. Y si bien el espíritu es redimible, la carne no. Por lo tanto, dentro del gnosticismo, no hay tal cosa como la resurrección del cuerpo.[20]

En base a la definición anterior, es evidente que el gnosticismo no solo choca con el cristianismo tradicional en su aspecto más importante, la resurrección, sino que también rechaza toda la base del Antiguo

Testamento debido a su concepto peculiar de la naturaleza del dios creador como un ser malo. Con su «teología» básica en oposición a la tradición judeocristiana, y con el deseo de ser simultáneamente sincrética (esto es, fusionar sus creencias con las de otras religiones), uno puede ver los riesgos que corrían los creyentes cristianos de los siglos II y III. No es de sorprenderse que los apologistas estuviesen tan entusiasmados en aclarar la posición cristiana y evitar que se diluyera o corrompiera por la cosmovisión filosófica del gnosticismo.

Dudas acerca de Tomás

Un Evangelio de Tomás casi intacto fue uno de los manuscritos hallados en Nag Hammadi. Para aquellos que tal vez no están familiarizados con ese documento, realmente no es un evangelio en absoluto, a pesar de su título, sino una colección de 114 dichos no relacionados que han sido juntados al azar y atribuidos a Jesús.[21] No hay una narrativa de ningún acontecimiento que involucre a Jesús o a sus discípulos. La figura que emerge de ese manuscrito es otro Jesús, cuyo carácter no está claramente definido. ¿Es humano, es divino o ambas cosas?

El Evangelio de Tomás generalmente recibe atención especial por parte de la comunidad gnóstica por dos razones: ellos dicen que puede ser fechado con una antigüedad mayor que otros textos gnósticos (pero aun sin la antigüedad de los manuscritos originales del Nuevo Testamento), y presenta a Jesús como un gurú sabio y sagaz. En tiempos recientes, sin embargo, se ha cuestionado incluso el fechado de Tomás. Muchos eruditos ahora creen que el manuscrito se originó en Siria tiempo después del final del siglo II.[22]

Varias de las declaraciones que contiene parecen haber sido extraídas de los textos del Nuevo Testamento que fueron originalmente escritos por los apóstoles y cambiados ligeramente para darles un estilo gnóstico. Considere lo siguiente:

> Los discípulos le dijeron a Jesús: «¡Dinos a qué se parece el reino de los cielos!» Él les dijo: «Es como un grano de mostaza. Es la semilla más pequeña. Pero cuando cae en tierra cultivada, produce una gran rama (y) se convierte en refugio para las aves del cielo». (El Evangelio gnóstico de Tomás, Dicho # 20.)[23]

> Jesús dice: «Si dos hacen las paces entre sí en la misma casa (entonces) dirán al monte: "Quítate", y se quitará». (El Evangelio gnóstico de Tomás, Dicho # 48.)[24]

Los dos dichos anteriores usan imágenes bien conocidas (el grano de mostaza y el monte que se mueve) tomadas de las palabras de Jesús tal como aparecen en el Nuevo Testamento. Sin embargo, fíjese cómo ha sido eliminado el tema original de la *fe* en esos pasajes (véanse Mateo 17.20; Marcos 11.23; Lucas 17.6) para alterar completamente el significado de los textos.

> Jesús dijo a sus discípulos: «Compárenme y díganme a quién me parezco». Simón Pedro le dijo: «Tú eres como un mensajero justo». Mateo le dijo: «Tú eres como un filósofo sabio (de manera especial)». Tomás le dijo: «Maestro, mi boca no puede soportar en absoluto decir

a quién te pareces». Jesús dijo: «Yo no soy tu maestro.
Pues tú has bebido, te has intoxicado con la fuente bur-
bujeante que he medido». Y lo tomó, (y) se retiró, (y)
le dijo tres palabras. Pero cuando regresó Tomás a sus
compañeros, ellos le preguntaron: «¿Qué te dijo Jesús?»
Tomás les dijo: «Si les digo una de las palabras que él
me dijo, ustedes recogerían piedras y me las arrojarían,
y fuego saldría de las piedras (y) los quemaría». (El
Evangelio gnóstico de Tomás, Dicho # 13.)[25]

Este extraño pasaje representa el tipo de conocimiento secreto que el
Jesús gnóstico supuestamente impartió a sus discípulos cuando pensó que
estaban listos para ello. De muchas maneras este ejemplo no es diferente
a las mantras que se les dan a los seguidores de gurúes hindúes que han
alcanzado cierto nivel de supuesta iluminación. Las mantras hindúes, o
palabras secretas, como las que le dieron a Tomás en el dicho anterior, no
son para ser compartidos con nadie. Sería completamente incoherente
que Jesús se comportase de esa manera. Jesús dio libremente su sabiduría
a todo el que oyera y esperó que ellos a su vez transmitieran las lecciones
a los demás.

Jesús dice: «Si la carne llegó a existir a causa del espíritu,
es una maravilla. Pero si el espíritu (llegó a existir) a
causa del cuerpo, es una maravilla de maravillas». No
obstante me maravillo de cómo esta gran riqueza ha
hecho morada en esta pobreza. (El Evangelio gnóstico
de Tomás, Dicho # 29.)[26]

La creencia gnóstica básica de que el espíritu es bueno y el cuerpo es malo es reforzada en este pasaje. Repito, Jesús nunca haría una declaración como esa. Ni tampoco engañaría a propósito a sus discípulos en cuanto a la verdad de la resurrección futura y el reino que viene, como el Dicho # 51 lo presenta:

> Sus discípulos le dijeron: «¿Cuándo se llevará a cabo la resurrección de los muertos, y cuándo vendrá el nuevo mundo?» Él les dijo: «Esa (resurrección) que ustedes están esperando (ya) ha venido, pero no la reconocen».
> (El Evangelio gnóstico de Tomás, Dicho # 51.)[27]

Los simpatizantes gnósticos hoy rápidamente admiten que el verdadero apóstol Tomás no tuvo nada que ver con ese manuscrito, aunque su nombre aparece engañosamente (algunos dirían fraudulenta) como el autor del versículo de apertura del texto. En efecto, se puede ver una tendencia perturbadora al poner nombres de personajes bíblicos a muchos de esos textos gnósticos —tales como el Evangelio de Pedro, el Evangelio de Felipe, el Evangelio de María Magdalena, el Evangelio de Bartolomé, el Libro secreto de Juan y el Libro secreto de Santiago— para darles un aire de legitimidad.[28] No hay duda de que los primeros promotores gnósticos intentaron ganar credibilidad para sus cuestionables documentos igualándolos con las obras de los apóstoles.

Reescribieron la historia

Muchos de los eruditos de hoy que están en el negocio de promover el gnosticismo entre las masas harían bien en escuchar la advertencia del apóstol Pablo a los corintios en cuanto a que el conocimiento o *gnosis* tiene la tendencia a conducir a la arrogancia si no se le controla (1 Corintios 8.2). En 1947, el historiador danés M. P. Nilsson escribió sobre este preciso problema entre aquellos que deseaban revivir las creencias del gnosticismo antiguo. Aquellos obsesionados con promover esas teorías, dijo él, parecían perfectamente cómodos descartando miles de años de previo trabajo y esfuerzo histórico sin la menor vacilación, y reemplazándolo con sus propios conceptos no corroborados:

> Estos jóvenes eruditos implicarían que, a la luz de investigaciones más recientes, el trabajo de una generación más vieja solo es adecuado para el basurero, pero eso no es cierto.[29]

Los destacados defensores del gnosticismo de hoy, incluyendo a Elaine Pagels, admiten libremente que las «nuevas maneras de pensar sobre el gnosticismo» deben considerarse en más alta estima y por tanto tienen precedencia por encima de los datos históricos.[30] No puedo evitar preguntar lo obvio... ¿Por qué?

Un notable intento de volver a escribir la historia sucedió en 1934 cuando el teólogo Walter Bauer escribió un libro llamado *Orthodoxy and Heresy in Earliest Christianity* [La ortodoxia y herejía en los comienzos del cristianismo] que cuestionó la manera en que el cristianismo había sido definido durante los primeros cuatro siglos después del nacimiento de Jesús. En el meollo estaba la sugerencia de que lo que consideramos hoy como ortodoxia cristiana surgió victoriosamente, no debido al valor de la evidencia, sino a *circunstancias favorables*. El libro de Bauer desde entonces se ha convertido en la «biblia» de los evangelistas gnósticos de la era moderna.

> Si seguimos tal proceso y simplemente estamos de acuerdo con el juicio de los padres antiheréticos del período neotestamentario, ¿nos volvemos dependientes demasiado pronto del voto de solo un partido —ese que quizás tanto por medio de circunstancias favorables como por mérito propio al final fue impulsado a la primera plana, y que posiblemente tiene a su disposición hoy la voz más poderosa y de este modo, la más prevaleciente— solo porque el coro de los otros haya sido silenciado? [31]

Lo que Bauer no pudo haber previsto fue el descubrimiento de los manuscritos de Nag Hammadi una década después de la publicación de su libro. En combinación, esos dos elementos se convirtieron en el catalizador del avivamiento gnóstico moderno.

Además de diversos medios de comunicación, los lugares donde se ha visto la mayor concentración de proselitismo gnóstico de los no iniciados han sido las universidades e institutos de estudios superiores. Lo más perturbador ha sido la «gnostificación» de los jóvenes adultos a través de cursos que dicen ofrecer instrucción de la propia Biblia. Por ejemplo, en la Universidad de Harvard, Helmut Koester, profesor de estudios del Nuevo Testamento, ha estado promocionando las teorías de Walter Bauer ante sus desprevenidos alumnos durante muchos, muchos años:

> Walter Bauer ... demostró convincentemente en una
> monografía brillante de 1934 que algunos grupos cris-
> tianos, tildados de heréticos, en realidad predominaban
> en los primeros dos o tres siglos, tanto geográfica como
> teológicamente. Recientes descubrimientos, en particu-
> lar los de Nag Hammadi en la zona norte de Egipto, han
> aclarado aun más que Bauer tenía razón en esencia y que
> se requiere una reevaluación completa y extensa de la
> historia cristiana antigua.[32]

No todos los eruditos han sido tan rápidos en elogiar la obra de
Bauer. Es más, muchos han descubierto que sus argumentos a favor del
gnosticismo están basados en una total falta de evidencia. El historiador
alemán Hans-Dietrich Altendorf no se anduvo con miramientos cuando
calificó el libro de Bauer como «fantasía constructiva» y «ficción elegan-
temente trabajada».[33] Asimismo, Simone Pétrement, en su volumen de
quinientas páginas, *A Separate God* [Un Dios separado], detalla meticulosamente lo imposible que es demostrar en base al registro histórico
que el gnosticismo vino antes, o existió juntamente con el cristianismo
ortodoxo.[34] Se puede demostrar, no obstante, que el gnosticismo vino
después como *reacción o refutación*.

Aquellos que ven la obra de Bauer como la provisión exitosa de un
punto de partida para el avivamiento gnóstico de hoy, lo hacen porque
articula los argumentos que *quieren* escuchar. Satisface los deseos de un
corazón rebelde en vez de presentar lógicamente evidencia sólida de la
cosmovisión gnóstica.

El dios gnóstico

Aquellos que desean entender la teología gnóstica van a hallar que tienen mucho por hacer. Los manuscritos gnósticos antiguos son un estudio de contradicciones. Algunos sostienen un concepto monoteísta (singular) de dios mientras que otros proyectan una perspectiva politeísta (dioses múltiples).

A pesar de haber sido escrita en el transcurso de 1,500 años por cuarenta autores distintos, los sesenta y seis libros que constituyen la Biblia tienen un concepto uniforme y coherente de Dios, su creación y su relación con el hombre. Por supuesto, no existe un hilo común entre los documentos gnósticos.

El Evangelio gnóstico de Felipe estaba entre esos textos que se hallaron en Nag Hammadi y se ha determinado que tiene como fecha los finales del siglo II o principios del siglo III. Una vez más, pasajes prestados del Nuevo Testamento han sido reinterpretados para darles un tono gnóstico. Como el Evangelio de Tomás, el de Felipe realmente tampoco es evangelio, sino una colección incoherente de reflexiones filosóficas, aunque esta vez, solo un puñado de esas declaraciones fueron atribuidas a Jesús.

La creencia gnóstica de que el *conocimiento* tiene la clave de la salvación (a diferencia de la obra que hizo Jesús en la cruz) es presentada en el Evangelio de Felipe junto con la idea de que la verdad viene del *interior* de cada persona (en vez de Dios). Esos dos principios místicos forman los cimientos no solo del gnosticismo, sino de muchas de las religiones alternas halladas a través de la historia.

> La ignorancia es la madre de todo mal. La ignorancia
> resultará en muerte, porque los que vienen de la igno-
> rancia ni fueron, ni son, ni serán... La Palabra dijo: «Y

conoceréis la verdad, y la verdad os hará libres» (Juan 8.32). La ignorancia es una esclava. El conocimiento es libertad. Si conocemos la libertad, encontraremos los frutos de la verdad dentro de nosotros. (El Evangelio gnóstico de Felipe.)[35]

Estos dos conceptos gnósticos (que el conocimiento conduce a la vida eterna y que la verdad se puede encontrar en el interior) son diametralmente opuestos a los preceptos bíblicos que declaran que la salvación viene solo a través de Jesucristo y que la maldad, no la verdad, reside dentro del corazón humano:

Y en ningún otro hay salvación; porque no hay otro nombre [aparte de Jesucristo] bajo el cielo, dado a los hombres, en que podamos ser salvos (Hechos 4.12).

Porque de dentro, del corazón de los hombres, salen los malos pensamientos, los adulterios, las fornicaciones, los homicidios, los hurtos, las avaricias, las maldades, el engaño, la lascivia, la envidia, la maledicencia, la soberbia, la insensatez. Todas estas maldades de dentro salen, y contaminan al hombre (Marcos 7.21-23).

Además, la descripción de dios y la creación en el Evangelio de Felipe puede parecer impactante para aquellos que están acostumbrados a oír de tales cosas solo desde una perspectiva judeocristiana:

El mundo llegó a existir por medio de un error. Pues el
que lo creó quiso hacerlo imperecedero e inmortal. Él se
quedó corto en cuanto a lograr su deseo. Puesto que el
mundo nunca fue imperecedero ni, para tal caso, fue él
quien lo hizo. (El Evangelio gnóstico de Felipe.)[36]

Al declarar que la creación fue un error, que el creador tenía limita-
ciones, y que dios no es eterno, una vez más hallamos la opinión gnóstica
desafiando la propia esencia de la Biblia en cada etapa:

Y vio Dios todo lo que había hecho, y he aquí que era
bueno en gran manera (Génesis 1.31).

¡Oh Señor Jehová! he aquí que tú hiciste el cielo y la tierra
con tu gran poder, y con tu brazo extendido, ni hay nada
que sea difícil para ti (Jeremías 32.17).

Por tanto, al Rey de los siglos, inmortal, invisible, al único
y sabio Dios, sea honor y gloria por los siglos de los siglos
(1 Timoteo 1.17).

¿Acaso se equivocó Moisés?

Quizás la descripción más completa del carácter del dios gnóstico aparece
en el Libro secreto de Juan. Este texto también tiene como fecha mediados o finales del siglo II y es otro de los muchos manuscritos hallados
en Nag Hammadi. Pretende ser un diálogo entre el apóstol Juan y Jesús,
sin embargo la información contenida está tan apartada de cualquier

documento bíblico que solo se le puede clasificar como mitológico. En efecto, la descripción de la manera en que llevaron a cabo la creación diversas escalas de dioses y diosas, repleta de celosas luchas internas entre ellos, se parece más a las creencias paganas politeístas de la cultura greco-rromana vecina que cualquier otra cosa.

A lo largo del documento, el Jesús gnóstico le explica continuamente a Juan que Moisés cometió numerosos errores cuando escribió el libro de Génesis y luego procede a proveer los detalles «correctos» referentes a la naturaleza de dios y la creación. Según este texto gnóstico bastante complejo, el primer acto de dios fue crear un «espíritu virginal» conocido como Barbelo:

> Este es el primer poder que estuvo antes de todos ellos
> y que surgió de su mente. Ella es la previsión del Todo
> —su luz brilla como la luz de él— el perfecto poder
> que es la imagen del invisible, Espíritu virginal que es
> perfecto. El primer poder. La gloria de Barbelo, la per-
> fecta gloria de los eones, la gloria de la revelación, ella
> glorificó al Espíritu virginal y fue ella quien lo alabó,
> porque gracias a él ella había surgido. Este es el primer
> pensamiento, su imagen; ella se convirtió en el vientre
> materno de todo, pues ella es quien está antes que todos,
> la Madre-Padre. (El Libro secreto gnóstico de Juan.)[37]

La siguiente etapa involucró la creación de una serie de luces y «eones». Entre estos estaba una diosa con un espíritu independiente llamada Sofía. Esta diosa, que llegaría a ser la creadora de nuestro creador, prosiguió con un acto creativo sin el conocimiento o consentimiento del dios principal:

Y Sofía de la Epinoia, siendo un eón, concibió un pensamiento por sí misma y la concepción del Espíritu invisible y el conocimiento previo. Ella quería extraer una semejanza de sí misma sin el consentimiento del Espíritu —él no había aprobado ... Y debido al poder invencible que está en ella, su pensamiento no se quedó ocioso, y algo salió de ella que fue imperfecto y diferente a su apariencia, porque ella lo había creado sin su consorte. Y era distinto a la semejanza de su madre, pues tiene otra forma. (El libro secreto gnóstico de Juan.)[38]

Este acto creativo secreto resultó en la formación del primero de los «arcontes»: una serpiente con rostro de león llamada Yaltabaoth que introdujo el mal en el mundo. Yaltabaoth prosiguió a crear el primer hombre y sopló poder en él.[39] De ese modo, según el Libro secreto de Juan, que es el más completo de todos los textos gnósticos, nosotros los humanos fuimos creados por una serpiente malvada que fue creada erróneamente por una diosa, ¡el resultado de un acto de rebelión!

A una historia tan fantasiosa normalmente se le consideraría como una obra de literatura mitológica entretenida si no fuese por el hecho de que *¡se supone que Jesús es el que la está presentando como la verdad absoluta!* Tenga en cuenta que cada vez que usted ve una imagen de un Jesús decorado en la portada de la más reciente edición de la revista *Time* o *Newsweek* ensalzando las virtudes de algún nuevo descubrimiento «cristiano» o información, es probable que la creencia esencial del gnosticismo tal como se narró arriba sea la teología fundamental que se esté promoviendo, se mencione en el artículo o no.

El Jesús gnóstico

Por ejemplo, en el Apocalipsis de Pedro, un fantasmagórico pero feliz Jesús se le aparece al apóstol Pedro flotando sobre la cruz mientras el menos importante Jesús físico está siendo crucificado simultáneamente. Pedro pregunta:

> «¿Quién es este encima de la cruz, que está contento y riéndose? ¿Y están clavando los pies y manos de otra persona?» El Salvador me dijo: «Al que ves encima de la cruz, contento y riéndose, es el Jesús viviente. Pero al que le están clavando las manos y los pies es la parte física, el cual es el sustituto. Están avergonzando aquello que está a su semejanza». (El Apocalipsis gnóstico de Pedro.)[40]

Asimismo, en El Libro secreto de Juan, un Jesús gnóstico parecido a un fantasma se le aparece a un apóstol Juan con la lengua trabada y empieza a alterar su apariencia física antes de revelar su rol como deidad masculina-femenina:

> He aquí, los cielos se abrieron y toda la creación que está debajo del cielo brilló, y el mundo se estremeció. Yo tuve miedo, y he aquí vi en la luz a un joven que estuvo parado a mi lado. Mientras lo veía, se volvió como un anciano. Y cambió su apariencia (otra vez), volviéndose como un siervo. No había una pluralidad delante de mí, pero había una semejanza con formas múltiples en la luz, y las semejanzas aparecían entre ellas, y la semejanza

tenía tres formas. Él me dijo: «Juan, Juan, ¿por qué dudas, o por qué tienes miedo? Tú no desconoces esta imagen, ¿verdad? Esto es, ¡no seas tímido! Yo soy el que está contigo siempre. Yo soy el Padre, Yo soy la Madre, Yo soy el Hijo. Yo soy el impoluto e incorruptible». (El Libro secreto gnóstico de Juan.)[41]

En otro manuscrito conocido como La Sofía de Jesucristo, el Jesús gnóstico presentado aquí se ha vuelto tan parecido a dios que no tiene necesidad de forma humana:

De ahora en adelante, yo soy el Gran Salvador. Pues él es inmortal y eterno. Ahora él es eterno, no tiene nacimiento; pues todos lo que tienen nacimiento perecerán. Él es no concebido, no tiene principio; pues todos los que tienen un principio tienen un final. Ya que nadie rige encima de él, él no tiene nombre; ya que el que tiene nombre es creación de otro. A él no se le puede poner nombre. No tiene forma humana; pues el que tiene forma humana es creación de otro. (La Sofía gnóstica de Jesucristo.)[42]

En contraste, los escritores del Nuevo Testamento, que fueron contemporáneos de Jesús, claramente lo identificaron como alguien que era tanto humano como divino... y lo hicieron repetidas veces y (a diferencia de los textos gnósticos) sin contradicción:

Nuestro Señor Jesucristo, que era del linaje de David según la carne, que fue declarado Hijo de Dios con

poder, según el Espíritu de santidad, por la resurrección
de entre los muertos (Romanos 1.3-4).

Un bufé gnóstico

A pesar de que cada texto gnóstico fundamental presenta a Jesús como
un ser por lo menos parcial, si no completamente divino, todos los destacados líderes gnósticos de hoy lo muestran como un ser estrictamente
humano, sin una pizca de divinidad. ¿Cómo puede ser eso? El Jesús mostrado en *El código Da Vinci* de Dan Brown, por ejemplo, es simplemente
un mortal como todos los demás, que al final se casó y tuvo hijos. En
The Jesus Dynasty [La dinastía de Jesús] de James Tabor, Jesús es des-
cendiente de la realeza, del rey David, pero aún simplemente humano.
En *Las cartas privadas de Jesús* de Michael Baigent, Jesús permaneció
siendo humano aun después de ser «proclamado Dios» por el emperador
Constantino durante la reunión del Concilio de Nicea en el siglo IV.[43]
¿Qué está pasando?

Asimismo, puesto que los gnósticos de hoy se han ido a extremos
como negar que la resurrección sucedió, sus propios textos evidentemente
deben también negarlo, ¿verdad? Bueno… a propósito, el Evangelio
gnóstico de María Magdalena supuestamente documenta un diálogo
extenso entre María y el Jesús *resucitado*. De modo similar, se supone
que el Libro secreto de Juan detalle una versión «corregida» de la historia
de la creación como se la contó el Jesús resucitado al apóstol Juan. ¿Por
qué esta gente va a tales extremos para validar la autenticidad de esos
manuscritos y luego descarta lo que tienen que decir?

Lo que se está promoviendo en nuestra cultura hoy es un tipo de *bufé gnóstico* en el que los clientes pueden simplemente seleccionar y decidir creer lo que quieren, *mientras no sea cristianismo bíblico*. Es casi como si los datos fuesen irrelevantes. Esta ha sido la meta del gnosticismo durante los últimos 1,900 años: *socavar el cristianismo ortodoxo a toda costa*. Si los gnósticos deben ignorar porciones de sus propios manuscritos; si deben crear nueva información de la nada; si deben cambiar la manera en que se fechan los documentos antiguos para conceder a sus manuscritos fechas preferibles más antiguas; o si todo el registro histórico durante los últimos dos mil años debe volverse a escribir para que se pueda mostrar que el cristianismo ortodoxo se equivocó, bueno entonces… ¡que así sea!

Regreso al jardín

La batalla que se libra contra el gnosticismo hoy ya se libró hace dieciocho siglos… con la misma información, el mismo deseo de descarrilar al cristianismo ortodoxo, y la misma falta de evidencia para sostener la perspectiva gnóstica. Los relativamente nuevos descubrimientos de Nag Hammadi son promovidos como si fueran «novedosos» cuando en realidad estos mismos manuscritos han estado en existencia por 1,800 años. Asimismo, el último «secreto» o revelaciones «ocultas» detalladas en revistas noticiosas recientes o especiales de televisión no son ni secretas ni ocultas. El apóstol Juan enfrentó el espíritu detrás de tales teorías en sus obras del Nuevo Testamento durante el primer siglo, mientras que apologistas como Ireneo trataron los errores de los manuscritos gnósticos a lo largo del segundo. La diferencia hoy es que los gnósticos tienen a los sistemas educativos y los medios globales de su lado.

Uno de los ataques más recientes contra el cristianismo y el carácter de Cristo ha venido del veterano cinematógrafo holandés y miembro del Seminario Jesús, Paul Verhoeven, por medio de su libro *Jesus of Nazareth: A Realistic Portrait* [Jesús de Nazaret: Un retrato realista]. Ahí declara que Jesús fue el producto derivado de una unión sexual entre María y un soldado romano que la violó:

> El director de sesenta y nueve años de edad, que también dirigió «Showgirls» —con la actuación estelar de Elizabeth Berkley en una de las películas más rodadas de la década de los noventa— y éxitos de acción de ciencia ficción como «Total Recall» y «Robo-Cop» así como también el fracaso de ciencia ficción «Starship Troopers», dice que él y el cobiógrafo Rob van Scheers han escrito el retrato más realista de Jesús jamás publicado. Además de sugerir que la Virgen María tal vez fue víctima de una violación, el libro también dice que Cristo no fue traicionado por Judas Iscariote, uno de los doce apóstoles originales de Jesús, como afirma el Nuevo Testamento.... Verhoeven espera que sea un trampolín para que estimule el interés en hacer películas de ese estilo.[44]

¿Por qué es tan importante para esta gente que Jesús sea representado como alguien distinto al que realmente es? ¿Por qué se debe descartar la resurrección de Cristo? ¿Por qué se debe socavar su obra en la cruz? ¿Y por qué *el conocimiento del mal* debe reemplazar a *Jesús* como fuente de salvación?

En cierta manera, la *gnosis* es lo que en primer lugar metió a la raza humana en problemas. Dios no tiene nada en contra de que la gente tenga conocimiento, pero simplemente no desea contaminar a su creación con el *mal*. Cuando Adán y Eva, utilizando su libre albedrío, eligieron rebelarse contra su Creador, lo hicieron no porque querían conocer la diferencia entre el bien y el mal, sino porque querían conocer y experimentar el *mal* en sí. Ellos ya tenían un conocimiento general del *bien*:

> Entonces la serpiente dijo a la mujer: No moriréis; sino que sabe Dios que el día que comáis de él, serán abiertos vuestros ojos, y seréis como Dios, sabiendo el bien y el mal (Génesis 3.4-5).

Al diablo se le identifica inmediatamente en el primer libro del Antiguo Testamento como la fuente detrás del conocimiento del mal. En el gnosticismo, ese conocimiento es lo que produce la salvación. No obstante, los gnósticos tienen la audacia de llevarlo un poco más lejos. En lugar de reconocer quién es la fuente real del mal, ¡han reemplazado el rol del diablo en el gnosticismo con Jesús! En el siguiente pasaje del Libro secreto de Juan, Jesús, que está narrando la historia, es el que convence a Adán y a Eva para que coman del fruto que conducirá al conocimiento del mal. Por lo tanto, dentro del gnosticismo, el sabio y sagaz Jesús gnóstico, que es el dador del conocimiento, se convierte en el diablo mismo:

Pero ellos permanecieron delante de lo que llaman el árbol de la ciencia del bien y del mal, que es la Epinoia de la luz, para que él (Adán) no pudiera mirar su llenura y reconocer la desnudez de su vergüenza. Pero yo (Jesús) fui quien hizo que ellos comiesen. (El Libro secreto de Juan.)[45]

La Biblia es clara con respecto al motivo que yace tras la existencia del mal y la muerte en nuestro mundo, pero también provee el medio por el cual podemos vencer el pecado y la muerte:

Por tanto, como el pecado entró en el mundo por un

hombre [Adán], y por el pecado la muerte, así la muerte pasó a todos los hombres, por cuanto todos pecaron (Romanos 5.12).

Mas Dios muestra su amor para con nosotros, en que siendo aún pecadores, Cristo murió por nosotros (Romanos 5.8).

Para que todo aquel que en él [Jesús] cree, no se pierda, mas tenga vida eterna (Juan 3.15).

Judas: ¿Nuestro héroe?

En el mundo patas arriba y desordenado del gnosticismo, no debería sorprender entonces que Judas Iscariote, el hombre que traicionó a Jesús por treinta piezas de plata y luego se colgó, sea el verdadero héroe de todo eso. El 9 de abril de 2006, National Geographic presentó un programa de televisión promoviendo las virtudes del recientemente descubierto Evangelio «perdido» de Judas. Desenterrado en una cueva en Egipto en 1978, ese documento presenta a Judas como el discípulo más grande de todos ¡porque fue quien causó la muerte de Cristo![46] Es Judas quien ayuda al gnóstico Jesús a deshacerse de su malvado cuerpo terrenal, por eso debería ser elogiado. Por supuesto, el Evangelio de Judas no es nuevo. Mil ochocientos años antes de la presentación de National Geographic, Ireneo ya había confrontado ese invento gnóstico en particular en su obra *Contra las herejías*:

Ellos declaran que Judas el traidor estuvo completamente familiarizado con estas cosas, y que solo él, conociendo la verdad como ningún otro, cumplió el misterio de la traición; por medio de él todas las cosas, tanto terrenales como celestiales, fueron así lanzadas a la confusión. Producen una historia ficticia de este tipo, que llaman el Evangelio de Judas.[47]

Por último, está el notable autor Bart Ehrman, «ex cristiano» que ahora se declara agnóstico. Al opinar sobre este documento, revela su fuerte alianza con el gnosticismo —como lo evidencia la escalofriante promoción sin reparos de su héroe Judas—, tal como se le presenta en el Evangelio de Judas:

Judas fue el único de los discípulos que comprendió a su Señor. Jesús no vino de su dios creador sino del mundo de Barbelo. Así también fue con algunos de nosotros. Algunos estamos atrapados aquí en las cárceles de nuestros cuerpos, pero una vez que aprendemos la verdad que Jesús hizo saber a su único discípulo fiel, Judas, seremos capaces de escapar para regresar a nuestro hogar celestial. Judas es el que guía el camino... Judas realizó para él el servicio más grande que uno se podría imaginar. Su traición no fue el acto de un traidor a la causa. Fue un acto de bondad realizada para su Señor. Él entregó a Jesús a las autoridades para que lo pudiesen matar y pudiera escapar de los confines de su cuerpo. Con ello, Judas es el apóstol más grande de todos.[48]

Entonces, según los principios del gnosticismo, si uno deseara elevarse al nivel de la grandeza, o si quisiera demostrar cuánto se preocupa por los demás —sea Jesús o cualquier otro en ese caso—, ¡debe planear que lo maten!

Muchas religiones falsas que existen hoy tienen sus raíces en el gnosticismo. Y es muy probable que los falsos mesías, que continuarán aumentando en número a medida que entremos en los *últimos días*, adopten y promuevan muchas de estas mismas ideas gnósticas. En efecto, aquellos que ocasionen la muerte de familiares y amigos durante el futuro período de tribulación estarán, como dijo Bart Ehrman, realizando «el servicio más grande que uno se podría imaginar» y «un acto de bondad» al ayudarles a «escapar de los confines de sus cuerpos» (véase Lucas 21.16). La advertencia del apóstol Pablo a los ancianos efesios es tan relevante hoy como lo fue entonces:

> Porque yo sé que después de mi partida entrarán en medio de vosotros lobos rapaces, que no perdonarán al rebaño. Y de vosotros mismos se levantarán hombres que hablen cosas perversas para arrastrar tras sí a los discípulos. Por tanto, velad, acordándoos que por tres años, de noche y de día, no he cesado de amonestar con lágrimas a cada uno (Hechos 20.29-31).

Un deseo del corazón

En última instancia, todo se reduce a lo que está dentro del corazón humano. Aun la experta gnóstica Elaine Pagels no puede ocultar el verdadero motivo de su rechazo al evangelio cristiano, como lo evidencia aquí en esta cita del compañero místico Michael Baigent:

> En una movida poco usual para una académica, Pagels, experta en textos gnósticos, introduce una nota personal en su libro *Más allá de la fe: El evangelio secreto de Tomás*. La nota trata un punto crucial con consecuencias de largo alcance: lo que no le gusta de la iglesia, explicó ella, es «la tendencia a identificar al cristianismo con un solo conjunto autorizado de creencias... combinado con la convicción de que solo la creencia cristiana ofrece acceso a Dios».[49]

Es esta declaración final, de que *solo Jesús ofrece acceso a Dios y al cielo,* lo que parece que los gnósticos, escépticos, ateos y humanistas no pueden soportar. Pero es lo que Jesús y los apóstoles enseñaron, y lo que defendieron millones en la iglesia primitiva hasta la muerte:

> No se turbe vuestro corazón; creéis en Dios, creed también en mí. En la casa de mi Padre muchas moradas hay; si así no fuera, yo os lo hubiera dicho; voy, pues, a preparar lugar para vosotros. Y si me fuere y os preparare lugar, vendré otra vez, y os tomaré a mí mismo, para que donde yo estoy, vosotros también estéis. Y sabéis a dónde voy, y sabéis el camino. Le dijo Tomás: Señor, no sabemos a dónde vas; ¿cómo, pues, podemos saber el camino? Jesús le dijo: Yo soy el camino, y la verdad, y la vida; nadie viene al Padre, sino por mí (Juan 14.1-6).

Según Jesús, o Él es el único camino a Dios o no hay otro camino. ¿A quién diría usted que es más fácil creerle... a los enemigos de Jesús que distorsionan su carácter, los gnósticos modernos de hoy que basan su fe en manuscritos desacreditados y oscuros, o a Jesús mismo que demostró que estaba vivo después de la resurrección con «muchas pruebas infalibles»?

Capítulo nueve

AHORA, COMO SIEMPRE, JESÚS CAMBIA VIDAS

Porque no me avergüenzo del evangelio, porque es poder de Dios para salvación a todo aquel que cree (Romanos 1.16).

No hay otra persona en la historia del mundo que haya cambiado más vidas para bien que Jesucristo. La dramática transformación experimentada por Saulo de Tarso, uno de los principales perseguidores de la iglesia primitiva, es un ejemplo clásico. Incluso hoy, parece que los escépticos y antagonistas del cristianismo no pueden explicar lo que le sucedió a ese hombre.

Saulo, respirando aún amenazas y muerte contra los discípulos del Señor, vino al sumo sacerdote, y le pidió

cartas para las sinagogas de Damasco, a fin de que si
hallase algunos hombres o mujeres de este Camino, los
trajese presos a Jerusalén. Mas yendo por el camino,
aconteció que al llegar cerca de Damasco, repentinamente le rodeó un resplandor de luz del cielo; y cayendo
en tierra, oyó una voz que le decía: Saulo, Saulo, ¿por
qué me persigues? El dijo: ¿Quién eres, Señor? Y le dijo:
Yo soy Jesús, a quien tú persigues (Hechos 9.1-5).

Cuando Saulo se encontró con el Jesús resucitado camino a Damasco,
experimentó la salvación por fe en Cristo de manera tan extraordinaria
que pasó de ser el destructor de cristianos más feroz al edificador más
grande de la iglesia que el mundo jamás haya visto. Por medio de Jesús,
Saulo de Tarso se convirtió en el apóstol Pablo. La vida subsiguiente
de este, las escrituras del Nuevo Testamento, los viajes misioneros, y el
encarcelamiento así como el martirio final por su fe demostraron sin
lugar a dudas lo mucho que el poder transformador de Cristo era capaz
de obrar en alguien tan perdido.

Poder no disminuido

Es asombroso darse cuenta de que los anteriores dos mil años no hayan
disminuido ni una jota este poder transformador de Jesús. Millones de
experiencias de vidas transformadas han ocurrido a través de los siglos a
aquellos que simplemente creyeron y dedicaron sus vidas a Él.

Porque la palabra de la cruz es locura a los que se pierden; pero a los que se salvan, esto es, a nosotros, es poder de Dios (1 Corintios 1.18).

Como pastor durante treinta y siete de mis sesenta años de ministerio, puedo testificar que literalmente miles de vidas fueron transformadas de forma similar ante mis propios ojos. En caso tras caso he visto cómo aquellos sumergidos en libertinaje y autogratificación han cambiado milagrosamente hasta llegar a ser ciudadanos decentes, respetuosos de la ley y productivos. Los siguientes son solo unos cuantos ejemplos.

El diácono Chuck

Durante la temporada navideña de 2007, mi esposa y yo visitamos la iglesia que habíamos pastoreado en San Diego por veinticinco años. Chuck, un diácono y líder espiritual de esa iglesia por muchos años se reunió conmigo en el vestíbulo y me agradeció por guiarlo a aceptar a Cristo en 1974. Reconociéndolo, pero olvidando cuál era su profesión en ese entonces, le pregunté: «Chuck, ¿a qué te dedicabas cuando aceptaste a Jesús?» Me dijo como relámpago: «¡Yo era un pagano de primera clase!» Si usted conociera a Chuck hoy nunca se hubiera imaginado que pudiera haber sido esa clase de persona. Todo lo que se requirió fue alguien que se hiciese amigo de él, lo invitara a nuestra iglesia, y que recibiera a Cristo para marcar la diferencia en su vida.

El librero gigante

Mi reunión con el diácono Chuck me recordó algo que había sucedido en julio en la convención anual de libreros cristianos en Atlanta. Un hombre gigante estaba esperando en la fila donde Jerry Jenkins (mi socio y coautor de la serie *Dejados atrás*) y yo estábamos autografiando libros. Cuando se acercó a la mesa, le miré y medio en broma le dije: «¿Con qué equipo jugaba fútbol americano?» Noté las lágrimas en sus ojos mientras decía: «Quiero agradecerles a ustedes por sus libros. Me condujeron a Cristo». Luego añadió: «Hasta que mi esposa me dio su libro, yo era un pagano de primera clase. Eso fue hace once años. Hoy estoy aquí en esta convención como representante de una editorial cristiana». Jerry me miró y dijo: «Parece que Satanás perdió a otro». Y tenía razón.

Miles se han contactado con nosotros, contándonos sus historias de cómo recibieron a Cristo después de leer nuestra serie *Dejados atrás, que trata* acerca de cómo sería la vida durante la tribulación después que se efectúe el rapto de la iglesia. Muchos se emocionan contándonos el cambio de vida al dedicarse a Jesucristo.

Liberados de la cárcel

La mesera del restaurante Applebee's me miró y me preguntó: «¿Es usted el ministro que escribió *Dejados atrás*?» Cuando dije «sí», explotó en lágrimas y tuvo que excusarse por unos momentos. Yo miré a mi esposa, Beverly, con una expresión ligeramente desconcertada. Mi esposa entonces procedió a romper la incomodidad de la situación recordándome que yo a menudo tengo ese efecto en las mujeres. Cuando regresó a tomar nuestro pedido, la mesera, con un poco más de compostura, nos contó cómo había aceptado a Cristo mientras estuvo en la cárcel. Parece que se había vuelto drogadicta a poco menos de sus veinte años de edad, había vendido su cuerpo mediante la prostitución, y finalmente fue arrestada mientras vendía drogas, por lo que la enviaron a la cárcel.

Por dicha, el restaurante estaba prácticamente vacío porque en ese momento ella estaba llorando otra vez. En medio de sus lágrimas nos dijo que había pasado tres años en la penitenciaría, tiempo en el cual su esposo se divorció de ella y logró obtener la custodia de su hija. Ella prosiguió a contarnos que de algún modo se enteró de la serie *Dejados atrás* y se puso en la lista de espera de la biblioteca de la cárcel para leer el libro. Tres meses después lo recibió. Después de leerlo, oró para recibir a Cristo de rodillas en su celda, como lo hicieron los personajes de la historia. En ese momento ella estaba llorando en nuestra mesa incontrolablemente y dijo lo que he escuchado a tantos decir a través de los años: «… ¡y Jesús cambió mi vida!»

En lugar de ser una presa problemática, se transformó de inmediato en una prisionera modelo, por lo que la pusieron en libertad condicional varios años antes de cumplir su condena. Mirando su rostro atractivo me pareció difícil de creer que hubiera descendido tanto en el pecado, pues no lo mostraba. Luego nos dijo cómo se involucró en una iglesia bíblica y durante los últimos dos años había tenido una vida victoriosa. Durante nuestra comida regresó a nuestra mesa y nos pidió que oráramos para que el tribunal le regresara la custodia de su hija de dieciséis años. La audiencia iba a realizarse en dos semanas.

Dos meses después regresamos otra vez al restaurante. Ella se nos acercó, nos dio un caluroso abrazo, y nos contó cómo había recibido exitosamente la custodia de su hija. No solo eso, se había inscrito en la universidad y estaba planeando estudiar enfermería para poder ayudar a otros.

Aún no he hallado a alguien que haya sido transformado de tal manera como resultado de convertirse al ateísmo, al humanismo, al gnosticismo o cualquier otra religión. Solo el mensaje de la cruz tiene el poder de cambiar las vidas para bien.

Una adicción difícil

La adicción sexual es una de las más poderosas, siendo la homosexualidad probablemente la más fuerte de todas. Es muy difícil ver un cambio permanente en este tipo de adicción. La asociación psicológica que una vez declaró la homosexualidad como un trastorno mental ha cambiado su definición y ahora la clasifica como otro estilo de vida normal.

Yo viví un ejemplo gráfico de esto cuando fui invitado a un programa radial de entrevistas en Los Ángeles para discutir este mismo tema con un psiquiatra secular. Él hizo la osada aseveración de que es imposible que un hombre homosexual se volviera heterosexual. Él no podía creer cuando dije que durante mis veinticinco años como pastor en San Diego había visto por lo menos a treinta homosexuales recibir a Cristo, ser literalmente transformados por el mensaje de la cruz, y convertirse con éxito en heterosexuales. ¡Al principio me llamó mentiroso, en la propia radio! Luego hizo la siguiente declaración: «He practicado la psiquiatría en Los Ángeles por treinta y tres años, y nunca he visto cambiar a un homosexual, ni tampoco conozco a otro consejero en la cuenca de Los Ángeles que lo haya visto». Naturalmente, se enfureció más cuando expliqué que era porque él estaba aconsejando sin el mensaje de la cruz, que «es poder de Dios para salvación a todo aquel que cree».[1]

Esa noche prediqué en una iglesia y mencioné mi encuentro con el psiquiatra. Después que hablé, noté a una pareja bastante tímida con dos hijos pequeños, esperando hablar conmigo. Él estaba sosteniendo a su bebé y ella agarraba la mano de su niñita. Él me dijo: «Aprecié su mensaje esta noche en cuanto a la habilidad de Cristo para cambiar el corazón de los homosexuales». Cuando estrechamos las manos, me confesó: «Nosotros escuchamos su debate con el psiquiatra en la radio. Ahora usted puede decir que ha conocido al trigésimo primer homosexual cuya vida fue cambiada por la fe en Cristo».

La noche siguiente manejé a Santa Bárbara donde conté la historia durante un mensaje en otra reunión de una iglesia y después se me
acercaron tres ex homosexuales y me dijeron que sus vidas habían sido
cambiadas al aceptar a Jesucristo como su Salvador. Desde entonces
muchos más me han dicho lo mismo.

No hay duda que hay literalmente miles de ex homosexuales hoy
llevando vidas normales, muchos con esposa e hijos, debido a su creencia
en Jesucristo. Es más, hay una organización llamada *Exit Ministries* en
cada estado de la Unión que está ayudando a los homosexuales a dejar
ese estilo de vida. La mayoría de los directores son ex homosexuales. Se
deleitan compartiendo las buenas nuevas de que hay una salida a esa
poderosa adicción mediante la fe en el Cristo resucitado.

En caso que de usted crea que esa transformación no dure, permítame contarle acerca de uno de los diáconos de mucho tiempo en nuestra
iglesia en San Diego. Él fue uno de los primeros homosexuales que vi que
lo transformó la fe en Cristo. Eso fue hace más de cuarenta años. Él no
solo dejó ese estilo de vida, sino que se convirtió en un ávido lector de la
Biblia y miembro activo de nuestra iglesia, lugar donde al final encontró
a la chica de sus sueños. Yo tuve el privilegio de casarlos. Ellos han criado
a tres hijos cristianos desde entonces y han vivido una vida larga y feliz.
Nadie excepto Jesucristo puede transformar a la gente de esa forma.

Es importante una advertencia aquí. Cada homosexual con que me
he encontrado ha sido un gran usuario de pornografía. Originalmente
fue a través de la página impresa, luego el video, y ahora el Internet.
Esto es lo que quiero decir: Nadie puede vencer los pecados sexuales y
continuar viendo pornografía.

Hace años ayudé a un hombre en el ministerio a dejar ese estilo de
vida animándole a entregar su vida a Cristo. Él llevó una vida victoriosa
durante años y al final regresó al ministerio. Pero luego volvió a caer en
la homosexualidad. Inmediatamente le pregunté si había vuelto a ver

pornografía y me dijo que sí. Solo arrepintiéndose de la adicción a la pornografía pudo al fin vencer la atracción a la adicción al mismo sexo. Lo cual tiene sentido, pues la Biblia dice: «Porque cual es su pensamiento en su corazón, tal es él» (Proverbios 23.7). Los ojos son un vehículo para la mente y la mente es un camino directo a nuestro centro emocional, el corazón.

> Porque las armas de nuestra milicia no son carnales, sino poderosas en Dios para la destrucción de fortalezas, derribando argumentos y toda altivez que se levanta contra el conocimiento de Dios, y llevando cautivo todo pensamiento a la obediencia a Cristo (2 Corintios 10.4-5).

No todos los homosexuales que he visto que han puesto su fe en Cristo han sido curados instantánea o permanentemente. Casi siempre lleva de tres a seis meses erradicar de sus mentes esas representaciones que han sido grabadas en sus imaginaciones, que a su vez encienden sus pasiones emocionales. Solo por medio de una total abstinencia de ver y pensar en tales materiales, en última instancia, podrán esos hombres encontrar libertad de este pecado que acorta la vida (la duración de vida promedio de un hombre homosexual es por lo menos veinte años menos que la de la población en general).[2]

Antisocial

En una reunión de diáconos una noche, todos nos quedamos impresionados al oír decir a uno de los mejores líderes de nuestra iglesia: «¡Soy un alcohólico recuperado!» Prosiguió a explicar que había puesto su fe en Cristo dieciocho años antes y que su vida había cambiado de manera drástica. Ya no llegaba a su casa a altas horas de la noche ni la perturbaba. Su creciente amor por Cristo ha aumentado su amor por su familia y, a la inversa, también el amor de su familia por él. Durante dieciocho años se ha mantenido completamente al margen del alcohol.

Nuestro respetado hermano cristiano prosiguió diciendo que él estaba entre el diez por ciento de la población que tiene una afinidad química incorporada en su organismo hacia el alcohol que no puede controlar. Ingiere un trago de cualquier tipo de bebida alcohólica e inmediatamente pierde el control. Tener a Cristo en la vida de uno no capacita a tal persona a convertirse en un bebedor social. Pero Jesús puede dar a este tipo de persona la victoria sobre la obsesión de tomarse ese primer trago.

Nosotros vimos a un hombre aceptar a Cristo en nuestra iglesia que había pasado tres años en la cárcel por cometer un robo inducido por el alcohol. Se las ingenió para permanecer sobrio durante seis años. Un día caluroso, mientras estaba en una concesionaria de automóviles donde trabajaba, pensó: «Un vaso helado de cerveza sabría bien ahora mismo». En lugar de cambiar su manera de pensar a: «Yo soy un alcohólico en recuperación», comenzó a enfocar sus pensamientos en lo refrescante que sería y se dijo: «Han pasado seis años desde que tomé algo, creo que puedo controlarlo ahora». En dos meses no solo había perdido ese control, sino su familia, su trabajo, su testimonio cristiano y su libertad.

Cuando finalmente salió de la cárcel esta vez se quedó sin nada. Su esposa no lo quería, sus tres hijos no lo respetaban y no era posible que le ofrecieran empleo. Llevó varios años para que al fin aprendiera a confiar en Dios para triunfar sobre su adicción y permanecer como alcohólico en recuperación el resto de su vida. Si hubiera aprendido esa lección unos cuantos años antes, habría podido retener lo que tenía.

La cafetería

A principios de la década de los ochenta, mi esposa y yo teníamos un programa semanal de televisión llamado *Family Life* [Vida en familia]. Una de nuestras primeras invitadas fue una ex prostituta de cuarenta años de edad que había vendido su cuerpo para comprar drogas. Ella dijo que había tenido relaciones sexuales con «por lo menos cinco mil hombres».

Un día mientras estaba en una cafetería conoció a un hombre «que era diferente. Él me trató con respeto y cortesía», dijo ella. No pasó mucho tiempo antes de que comenzaran a almorzar juntos con regularidad. Ella le ofreció tener sexo con él «gratis» porque era «muy simpático» con ella. Él se rehusó y le dijo que él también había sido «un gran pecador». Un amigo le había guiado a aceptar a Jesucristo. A su tiempo ella también aceptó a ese Salvador llamado Jesús y le dio la espalda a ese estilo de vida. La pareja se casó posteriormente. Cuando los conocimos, no parecían personas que hubieran vivido de forma tan degradante. En ese entonces habían empezado un ministerio para todo tipo de adictos, ofreciéndoles esperanza de salvación y una transformación de vida.

Dos mil años después de su muerte por nuestros pecados, seguida por su resurrección y subsiguiente ascensión al cielo, Jesús está aún transformando a aquellos que lo llaman por fe.

La transformación de John Newton

Casi todos han oído acerca del reverendo John Newton, que escribió lo que a menudo se le refiere como el himno favorito de los Estados Unidos, «Sublime gracia». Pocos se dieron cuenta hasta ver la película del mismo nombre estrenada en 2006 que John Newton había sido comerciante de esclavos por muchos años. Él admitió haber transportado veinte mil esclavos africanos al Nuevo Mundo, muchos de los cuales murieron en el trayecto. Al final los gritos y lágrimas de los esclavos alcanzaron su conciencia, por lo que reconoció que era un gran pecador y que estaba en necesidad de un gran Salvador. Durante una violenta tempestad en el mar, en 1747, él se aterró tanto que oró para que el Señor lo salvase a él y el cargamento de su barco, y poco después, recibió a «ese gran Salvador» como suyo.

Newton finalmente se convirtió en pastor y guió a un caballero de nombre William Wilberforce a poner su fe en Cristo. Además, animó a Wilberforce a permanecer en el Parlamento británico, donde podía estar en posición para ayudar a abolir el comercio de esclavos en Inglaterra.

He observado que la persona verdaderamente arrepentida no se proyecta como «buena persona» sino como «pecador». Quizás por eso la canción «Sublime gracia» sea tan popular entre los creyentes sinceros:

> Sublime gracia del Señor
> Que un día me salvó
> Fui ciego y mis ojos abrió
> Perdido y me encontró
> Su gracia me enseñó a entender
> Mis dudas ahuyentó
> Oh cuán precioso fue a mi ser
> Cuando Él me transformó.
> La confrontación del pecador redimido

Mi amigo de mucho tiempo, el difunto doctor D. James Kennedy, en su libro *What If Jesus Had Never Been Born?* [¿Y qué si Jesús jamás hubiera nacido?] escribió acerca de un hombre llamado Charles Bradlaugh, un ateo del siglo XIX que desafió a Hugh Price Hughes, evangelista cristiano que trabajaba con los pobres en las barriadas de Londres, a un debate sobre la validez del cristianismo. Hughes le dijo a Bradlaugh que convendría en tener el debate bajo una condición. Él dijo: «Le propongo que nosotros traigamos evidencias concretas de la validez de nuestras creencias por medio de hombres y mujeres que hayan sido redimidos de las vidas de pecado y vergüenza por la influencia de nuestra enseñanza. Yo traeré a cien de esos hombres y mujeres, y le desafío a que usted haga lo mismo».

Hughes luego dijo que si Bradlaugh no podía llevar cien, que llevara a cincuenta; si no podía llevar cincuenta, que llevara a veinte. Hasta que redujo el número a uno. Todo lo que Bradlaugh tenía que hacer era encontrar a una persona cuya vida fue mejorada por el ateísmo y Hughes —que llevaría cien personas que Cristo mejoró— estaría de acuerdo en debatir con él. Bradlaugh al final retiró su reto.[3]

La tasa de reincidencia

Durante el gobierno del presidente Nixon, a un abogado muy especial de nuestra iglesia se le transportó por avión a la Casa Blanca para ser entrevistado por el presidente y su personal. Lo estaban considerando para el puesto de comisionado del Departamento de Recaudación de Impuestos. Estaba bien calificado, pues además de haber ganado el caso más grande en contra de este departamento por defender a un hacendado de Imperial Valley, había sido contador público antes de ir a la Escuela de Derecho. Sin embargo, regresó a San Diego desilusionado. El abogado especial del presidente, un hombre llamado Chuck Colson, le había dado a este abogado la impresión de que era «un hombre muy malvado». En efecto, recuerdo sus propias palabras hasta hoy cuando dijo: «De toda la gente malvada en el mundo que jamás conocí, Colson es la última persona que me gustaría que me respaldase en una reunión». Por lo tanto, no me sorprendió —cuando el presidente Nixon cayó en desgracia como resultado del encubrimiento del caso Watergate—, que Colson fuera identificado como «el que controlaba a Nixon». Chuck Colson al final pasó nueve meses en la cárcel federal.

Un asociado cercano de Colson, Jeb Magruder, que trabajó con Nixon como subdirector del Comité para Reelegir al Presidente, tuvo que decir esto acerca de Colson, en 1974:

> Yo llegué a considerar a Colson como un genio malvado. Su brillantez era innegable, pero demasiado a menudo la aplicaba para estimular el lado oscuro de Richard Nixon, su deseo de arremeter contra sus enemigos, su instinto de cortar la vena yugular. Yo tendría que decir, concediendo a Nixon la responsabilidad principal por lo que sucedió en su gobierno, que Colson era uno de los hombres —entre sus asesores— más responsables por crear el ambiente que hizo posible, quizás inevitable, Watergate.[4]

Lo que hace tan asombrosa la historia de Chuck Colson y sirve como gran ilustración del tipo de cambio que Jesús puede hacer en la vida de una persona, es la manera en que ha vivido desde su conversión a Cristo cuando estuvo en la cárcel. Chuck cuenta su asombrosa historia en su libro *Born Again* [Nacido otra vez]. Mi amigo, el difunto pastor D. James Kennedy relata cómo cambió Dios a este gran pez político convertido en criminal:

> Hoy, este mismo Chuck Colson dirige un ministerio iniciado por él, que predica el evangelio a decenas de miles de presos. Prison Fellowship, que surgió de la

propia experiencia de Colson en la cárcel, es ahora un programa de alcance a nivel mundial ubicado en el norte de Virginia que ayudó a más de 100,000 presos el año pasado. Les ministra en la cárcel y les ayuda a reajustarse una vez que salen de ella y se reincorporan a la sociedad. Prison Fellowship incluso da regalos de Navidad a las familias de los presos. Mucha gente hoy también conoce a Colson por sus libros magníficos, sus charlas inspiradoras y su comentario radial diario, *Break Point with Chuck Colson*. La genialidad de Colson refresca a la gente todos los días a nivel mundial. Elimine a Cristo de la ecuación y todo lo que nos queda es un genio malvado.[5]

La experiencia de «nacer de nuevo» que cambió la vida de Colson y dio inicio a un ministerio carcelario hace más de treinta años, ha cambiado miles de vidas. La prueba está en la asombrosa baja en la tasa de reincidencia (criminales que regresan a la cárcel después de haber sido puestos en libertad) de aquellos que han recibido el mensaje transformador de Jesús. Es un hecho conocido que el setenta y cinco por ciento de todos los presos violentos vuelven a ser encarcelados en un lapso de tres años... con la excepción de aquellos que se convirtieron en la cárcel y fueron discipulados con la Palabra de Dios. Para esos presos, la tasa de reincidencia baja al veinticuatro por ciento.

Piénselo, miles de hombres y mujeres han regresado a sus hogares y familias, hallado empleo, y convertido en buenos ciudadanos. ¿Son perfectos? No, todavía son humanos y necesitan hacer muchos cambios. Pero su dedicación a Jesucristo les da una nueva oportunidad en la vida. Jesús no solo cambia vidas, lo hace de manera coherente.

Lo dijo Raven

Mientras un amigo llamado Rob, al Sur de California, estaba trabajando como pastor de jóvenes, tuvo un encuentro extraño con una madre y su hija que habían llegado para recibir consejería. La madre era una empresaria vestida de manera ostentosa que hablaba constantemente por su celular. Su hija de catorce años, Raven, estaba sencillamente «descontrolada». Estaba vestida de negro de pies a cabeza y diciendo las profanidades más feroces que él había oído en mucho tiempo. Su madre habló en voz alta: «No creo que ver a un ministro vaya a hacer bien, pero hemos intentado con psiquiatras y doctores y nada parece funcionar. Se ha planificado que ella ingrese a un centro psiquiátrico esta semana. Este es el último recurso». El pastor Rob le explicó a Raven que ella solo recibiría más medicina, continuaría oyendo más voces en su cabeza, y se hundiría más en la desesperación en el centro psiquiátrico. Sin embargo, si solo clamara a Dios, le pidiera ayuda y prometiera servirle, Él le ayudaría. Su oración de cierre se encontró con más maldiciones y profanidades de la aparentemente chica endemoniada.

Dos años después Rob llevó a ciento cincuenta miembros del grupo juvenil a un campamento en las montañas donde se reunieron más de quinientos adolescentes y recibieron un increíble derramamiento del Espíritu Santo. Muchos pusieron su fe en Cristo y otros volvieron a dedicarse a servir a Dios. Una chica llamada Savannah lloró de alegría cuando vio a Dios obrar en las vidas de esos jóvenes, en particular a quienes había invitado al campamento. Ella incluso pagó los gastos de su propio bolsillo por varias amigas para que asistieran.

Rob miró fijamente mientras Savannah comenzó a acercársele. Pero no estaba preparado para su pregunta. «Pastor Rob, ¿se acuerda de mí?» Él dijo: «No, discúlpame». Ella replicó: «Cuando nos encontramos por primera vez le dije que me llamaba Raven». ¡Rob no podía creer lo que veía! Savannah continuó: «Cuando era Raven, me enviaron al hospital. Los doctores me dieron más y más medicamentos hasta que me sentaba en el piso con mis rodillas recogidas hasta mi barbilla, meciéndome de un lado a otro durante horas. Yo oía todo tipo de voces en mi cabeza, me gritaban, y no se detenían. Creí que me estaba volviendo loca. Finalmente, recordé lo que usted me había dicho. Clamé a Dios diciendo: "Si me puedes oír, por favor ayúdame, y pasaré el resto de mi vida sirviéndote". ¡Y lo hizo! Por más de un año he sido una persona diferente. ¡Acepté a Cristo y Él cambió mi vida!» El nuevo pastor juvenil que la había traído al pastor Rob le dijo: «Savannah es una de las mejores líderes de nuestro grupo juvenil».

Solo Jesús cambia vidas como esa, de manera total.

> Todo lo que el Padre me da, vendrá a mí; y al que a mí
> viene, no le echo fuera (Juan 6.37).

Las chicas desechables de Sarah

Durante su primer gobierno, el presidente Ronald Reagan dio un discurso en Orlando, Florida. En su vuelo de regreso a Washington leyó en el periódico local de Orlando acerca del hogar de Sarah Trollinger para chicas «desechables». Se conmovió por el relato de esa mujer cristiana que había abierto un hogar —cambiador de vidas— para chicas adolescentes que habían caído en drogadicción, prostitución y otros vicios. Nadie las quería, ni siquiera sus padres. Los jueces locales estaban tan impresionados con los dramáticos resultados que estaba obteniendo Sarah, que constantemente llamaban y preguntaban: «¿Puede aceptar a otra chica?

No quiero ponerla en la cárcel, las criminales rudas la destruirían, y si la pongo en la cárcel para jóvenes, ella las destruiría».

El hogar de Sarah afectó tanto al presidente Reagan que personalmente escribió un cheque de mil dólares para su ministerio y mandó que se lo enviaran por correo cuando llegaron a Washington. Yo vi una copia de su cheque personal enmarcado sobre la pared en el hogar de Sarah para chicas.

La siguiente vez que vi a las chicas fue cuando Sarah trajo como a veinte de ellas a la convención Concerned Women for America, organizada por mi esposa, en la capital de los Estados Unidos para contar su historia. Escuchar a esas encantadoras chicas hablar de cómo Jesús «cambió sus vidas» ¡fue una experiencia asombrosa! No me podía imaginar sus terribles situaciones antes que Jesús entrara en sus corazones, viendo lo felices que estaban ahora. ¡Ellas eran trofeos relucientes de su maravillosa gracia salvadora! Este ministerio basado en la fe continúa salvando a cientos de chicas de toda una vida de sufrimiento, dolor y en muchos casos enfermedad prematura y muerte; y ni hablar del ahorro de millones de dólares a la gente de Orlando en gastos por hacer cumplir la ley.

Recientemente Beverly y yo fuimos invitados a Orlando para hablar a un grupo de mil pastores y sus esposas, después de lo cual Sarah se acercó a saludarnos. ¡Qué maravillosa reunión! Habían pasado veinte años. Sarah nos dijo que había iniciado una escuela para chicos así como también un programa que capacitaba a otras mujeres para empezar programas similares transformadores de vida en sus propias ciudades. En la actualidad, tienen sesenta y ocho escuelas de esas por todo el país.

Estas asombrosas historias apenas rasgan la superficie de millones de relatos desconocidos similares que están sucediendo alrededor del mundo a diario. Por supuesto, el denominador común en todas estas transformaciones es Jesucristo.

De modo que si alguno está en Cristo, nueva criatura es;
las cosas viejas pasaron; he aquí todas son hechas nuevas
(2 Corintios 5.17).

Capítulo diez

¿QUIÉN DICE USTED QUE SOY YO?

Hay una colina en Israel conocida como el monte Meguido. Consta de más de dos docenas de capas de ruinas de ciudades antiguas que fueron construidas una encima de otra durante los milenios anteriores. Si usted se parara sobre este monte hoy, podría mirar el espléndido valle de Meguido que está debajo. Esta llana extensión de terreno que va por varios kilómetros en tres direcciones es verdaderamente una vista impresionante. Se dice que durante su primera visita al área, Napoleón Bonaparte dijo que creía que el valle sería perfecto para usarlo como campo de batalla.[1]

Esta área, en realidad, sirvió como lugar para la primera batalla documentada en los registros de la historia, la cual sucedió entre los ejércitos del faraón egipcio Tutmosis III y una coalición caananita en el año 1478 A.C.[2] Irónicamente, el valle de Meguido también está programado como el lugar de la guerra final y más grande que el mundo experimentará: la batalla de Armagedón.[3]

Mientras los horrores sin precedentes del período de siete años de tribulación llegan a su clímax, los ejércitos del mundo lanzarán lo que más probable sea un intercambio nuclear total en contra de Israel —bajo la dirección del Anticristo— en ese lugar. El número de víctimas y nivel de destrucción será inimaginable. Solo mediante la intervención directa del Jesús resucitado regresando a la tierra en lo más candente de esa batalla se evitará que la humanidad se destruya a sí misma.[4] A esas alturas, Cristo establecerá su reino milenario y gobernará un mundo lleno de paz durante mil años,[5] cumpliendo la profecía bíblica.

Sin Mao

Hoy, el Valle Meguido parece sereno y pacífico y está en total contraste con su turbulento pasado y futuro profético. Ahora imagínese por un momento a toda la población del mundo de toda la historia reunida de pie en este enorme y hermoso valle. De los más de trece mil millones de personas reunidas aquí, ¿cuál persona sería seleccionada como la de más influencia en el mundo? ¿Aristóteles? ¿Sir Isaac Newton? ¿George Washington? ¿Karl Marx? ¿Mao Tse-tung?

A lo largo de este libro hemos mostrado cómo impactó Jesucristo al mundo más que cualquier persona que haya vivido. Sin duda Él es clase aparte. Recuerde, Él era un carpintero de treinta años, de un pueblo poco conocido llamado Nazaret, que colgó sus herramientas y empezó un ministerio de enseñanza que duró solo tres años y medio. No obstante, fue capaz de influenciar en última instancia a miles de millones de vidas. Nadie ha hecho eso antes ni desde entonces.

Mientras estuvo en la tierra, Jesús predijo que regresaría otra vez. Y si bien no sabemos exactamente cuándo será eso, sí sabemos que hoy estamos un día más cerca que ayer. En efecto, la Segunda Venida de Cristo es tres veces más certera que su primera aparición, ya que hay tres veces más profecías registradas prediciendo su Segunda Venida (más de trescientas) que las que predijeron la primera.

La gran mentira

Cuando me uní al ministerio hace más de medio siglo, la gran mentira que enseñaban en ese tiempo los teólogos liberales era que «Jesús nunca dijo que era Dios». No sé qué Nuevo Testamento escrito por cuáles apóstoles estaban leyendo, pero evidentemente no era el que yo usaba para predicar tres veces a la semana. Tampoco era el que usaba para fundamentar todos mis libros. Con el tiempo, me di cuenta de que muchos de ellos estaban tratando de menospreciar a propósito el nacimiento virginal de Jesús, su vida impecable, su muerte sustituta y su resurrección corporal... los hechos por los que los mártires a través de los siglos han entregado sus vidas.

Durante su conversación con la mujer en el pozo, Jesús dejó bien en claro quién era:

> Le dijo la mujer: Sé que ha de venir el Mesías, llamado el Cristo; cuando él venga nos declarará todas las cosas. Jesús le dijo: *Yo soy*, el que habla contigo (Juan 4.25-26).

En este pasaje, Jesús usó el nombre sagrado de Dios (Yo soy) para describirse a sí mismo. El mismo nombre que Dios le había dicho a Moisés para describirse en Éxodo 3.13-14, y que significa «la causa que no tiene causa» (creador eterno) o «la fuente» de todas las cosas. Juan, en la introducción a su evangelio, iluminó las cosas aun más al atribuir la creación, tal como la conocemos, a Jesús antes de su venida a la tierra.

> Este era en el principio con Dios. Todas las cosas por él fueron hechas, y sin él nada de lo que ha sido hecho, fue hecho (Juan 1.2-3).

Jesús no rehusó usar el nombre «Yo soy» al referirse a sí mismo; un nombre tan sagrado para los judíos de su época que ni siquiera lo decían en voz alta. Considere las siguientes declaraciones autoidentificadoras usadas por Jesús que registró Juan en su evangelio:

«Yo soy el pan de vida» (Juan 6.35, 41, 48, 51).

«Yo soy la luz del mundo» (Juan 8.12).

«Yo soy la puerta» (Juan 10.7, 9).

«Yo soy el buen pastor» (Juan 10.11, 14).

«Yo soy la resurrección y la vida» (Juan 11.25).

«Yo soy el camino, y la verdad, y la vida» (Juan 14.6).

«Yo soy la vid verdadera» (Juan 15.1, 5).

Jesús sabía quién era y por qué vino a esta tierra. Y no se lo ocultó a sus seguidores del primer siglo ni a los miles de millones que lo han seguido desde entonces. Hablando en el templo ante un grupo de líderes religiosos enojados, Jesús dejó bien en claro quién era realmente:

Yo y el Padre uno somos (Juan 10.30).

La última esperanza

Incluso después de dos mil años, Jesús sigue siendo el transformador supremo de vidas. Nadie ha curado más adicciones, restaurado más matrimonios rotos, ni reparado más efectos de niñez lastimada que este ex carpintero de Nazaret. Usted podría decir que Él es la *última* esperanza para aquellos que la han *perdido*.

Sin embargo, Jesucristo continúa siendo odiado universalmente por los ateos, liberales y escépticos que están obsesionados con tratar de destruir la fe de las personas. La pregunta es: ¿por qué? El filósofo francés del siglo XVIII, Voltaire, pasó la mayor parte de su vida tratando de socavar el cristianismo y, no obstante, terminó clamando a Jesús en su lecho de muerte.[6] Sencillamente, el ateísmo no es una filosofía muy buena por la cual vivir ni, mucho peor, por la cual morir.

La asombrosa transformación de vidas continúa a pesar de las infinitas campañas de información errónea acerca de Jesucristo en los medios liberales y en muchos de los institutos de educación superior de este país. Pero aun con tales obstáculos destructivos, todavía la pasamos mejor en los Estados Unidos que en la mayoría de los otros países (al menos por ahora). Hoy, encontramos varios gobiernos autoritarios alrededor del mundo que continúan forzando a sus ciudadanos cristianos a mantener ocultas sus creencias o de lo contrario son ejecutados. Aquellos que están viviendo bajo tales gobiernos represivos ven con envidia las libertades religiosas que tenemos en este país. En vez de tomar a la ligera esas libertades, nosotros en los Estados Unidos deberíamos estar agradecidos por la perspicacia a largo plazo y los sacrificios que hicieron por nosotros los fundadores de nuestra nación.

Estados Unidos hace un giro total

De los cincuenta y cinco hombres que asistieron a la Convención Constitucional original en Philadelphia en 1787, cincuenta y tres eran miembros de denominaciones protestantes y los otros dos eran católicos.[7] La mayoría de ellos compartía un profundo amor y respeto por Jesucristo. Hoy muchos no se dan cuenta que el secreto de la grandeza de nuestra nación es resultado directo del hecho que los Estados Unidos se fundó sobre principios bíblicos.

Cuando murió en 1638, el reverendo John Harvard legó la mitad de sus propiedades junto con toda su biblioteca —que consistía de 400 libros cristianos y Biblias traídos de Inglaterra— a una universidad de Massachussets en ciernes a la cual se le puso su nombre en su honor.[8] Durante los siguientes tres siglos, la prestigiosa Universidad de Harvard, el instituto de educación superior más antiguo de los Estados Unidos, ha provisto a sus alumnos de un nivel insuperable de educación basada en la Biblia.

Tener tal fundamento inspirador hace más dolorosa la conversión de Harvard al vehículo anticristiano y proagnóstico que es hoy. Como ilustración, considere esto… en el 2005, la universidad había iniciado un proyecto de investigación multimillonario diseñado para probar que

Dios no tuvo absolutamente nada que ver con la creación de la vida, como lo confirmó el profesor de química y biología química de Harvard, el doctor David Liu:

> Mi esperanza es que seamos capaces de reducir esto [la creación de la vida] a una serie muy simple de acontecimientos lógicos que pudieron haber sucedido sin intervención divina.[9]

Con muchos maestros de escuelas públicas y la mayoría de profesores universitarios y de instituciones de educación superior promoviendo puntos de vista similares a los del doctor Liu, la mayoría de alumnos durante los últimos cincuenta años que se han sometido al sistema educativo de los Estados Unidos han sido mantenidos en las tinieblas en cuanto al fundamento bíblico de nuestro país y la herencia cristiana. Tan vasta retención de información, sin duda, ha contribuido a la continua secularización (y subsiguiente declive moral) de nuestra cultura. Motivo por el cual Estados Unidos se convirtió en una gran nación en un tiempo asombrosamente corto, y todo tuvo que ver con la prudencia de los fundadores de nuestra nación y su dedicación a Jesucristo. Considere lo siguiente:

> La religión cristiana es, por encima de todas las que prevalecieron o existieron en tiempos antiguos o modernos, una religión de sabiduría, virtud, equidad y humanidad. (John Adams, segundo presidente de los Estados Unidos; firmante de la Declaración de la Independencia y de los Derechos Civiles.)[10]

El cumpleaños de la nación está conectado indisoluble-
mente con el nacimiento del Salvador. La Declaración de
la Independencia estableció la piedra angular del gobierno
humano sobre los primeros preceptos del cristianismo.
(John Quincy Adams, sexto presidente de los Estados
Unidos; secretario de estado; senador de EE.UU.)[11]

Yo no creo que la Constitución fue la cría de la inspiración,
pero estoy muy satisfecho de que es tanto la obra de la
divina Providencia como cualquiera de los milagros registrados en el Antiguo y el Nuevo Testamento. (Benjamin
Rush, firmante de la Declaración de la Independencia.)[12]

Rogamos que pueda establecerse la felicidad universal en
el mundo, que todos se inclinen al cetro de nuestro Señor
Jesucristo, y toda la tierra sea llena de su gloria. (John
Hancock, firmante de la Declaración de la Independencia;
presidente del Congreso Continental.)[13]

Sin el todopoderoso Espíritu de Dios iluminando la
mente de usted, subyugando su voluntad y continuamente atrayéndolo hacia Él, usted no puede hacer nada.
(Elías Boudinot, presidente del Congreso Continental;
artífice de la Declaración de los Derechos Civiles.)[14]

Ser cristiano es un carácter que valorizo muy por encima
de todo lo que tiene este mundo o pueda hacer alarde.
(Patrick Henry, líder de la Revolución Americana; único
gobernador de Virginia elegido cinco veces.)[15]

La Biblia es el mejor de todos los libros, pues es la Palabra de Dios y nos enseña la forma de ser felices en este mundo y el próximo. Por tanto, continúe leyéndola y regulando su vida según sus preceptos. (John Jay, presidente del Tribunal Supremo de los Estados Unidos.)[16]

Yo confío en los méritos de Jesucristo para el perdón de todos mis pecados. (Samuel Adams, firmante de la Declaración de la Independencia; padre de la Revolución Americana; gobernador de Massachusetts.)[17]

Ningún hombre, cual sea su carácter o su esperanza, entrará al reposo a menos que esté reconciliado con Dios mediante Jesucristo. (John Witherspoon, firmante de la Declaración de la Independencia.)[18]

Aunque John Witherspoon no fue delegado de la Convención Constitucional, este ministro y abogado escocés, desde su posición como rector y profesor de derecho de Princeton College, es reconocido históricamente como la persona más influyente en la composición de nuestra Constitución. Witherspoon enseñó derecho y principios bíblicos a muchos delegados que participaron en la redacción de la Constitución, incluyendo al joven James Madison, que pronto se convertiría en el artífice más prominente de la Constitución y el autor principal y promotor de la Declaración de los Derechos Civiles.

Tal como debe ser obvio a estas alturas, los ateos, secularistas, liberales y gnósticos no están contentos con simplemente dejar tranquilos a quienes creen en Jesucristo. Cual sea el motivo, ellos se sienten obligados a socavar, distorsionar, y destruir «la fe que fue una vez y por todas entregada a los santos».[19] A los fundadores de nuestra Constitución les pareció apropiado asegurarse que a los ciudadanos de los Estados Unidos se les garantizara la libertad religiosa. No obstante, si nos sentamos cómodos y dejamos que los escépticos continúen dominando nuestro gobierno, nuestros tribunales, nuestros medios de comunicación y nuestro sistema educativo, se perderán esas garantías.

Un planeta dividido

¿Quién escuchó a alguien estropearse su dedo pulgar con un martillo y gritar el nombre de Aristóteles, o Kierkegaard o Nietzsche? Cuando vemos las películas de hoy, ¿por qué nuestros actores favoritos no maldicen el nombre de Buda, o Mahoma o el del reverendo Moon? ¿Por qué siempre es Jesús o Dios? Es interesante notar que aun en el campo de la maldición, Jesús continúa siendo singular.

Me parece asombroso que Hollywood, que proclama que el dinero es su meta final, continúa alienando lo que posiblemente es su público potencial más grande llenando casi todas las películas que produce con blasfemias y aberraciones morales. Jonathan Falwell, hijo del difunto evangelista, me envió un correo electrónico en el que se lamentaba por una cantidad de producciones de Hollywood que en los últimos años han ridiculizado abiertamente al Señor, incluyendo *Hamlet 2*, una película en que se toca la canción «Rock Me, Sexy Jesus».

Es esta actitud tipo «a quién le importa» en lo que respecta a las representaciones de Jesús que me llevan a temer que nuestra nación haya perdido cualquier noción clara de quién es Jesús. Y como resultado de esa creciente ignorancia nacional, estamos siendo testigos

de esta ola cada vez más grande de antagonismo y burlas
con respecto a nuestro Salvador.[20]

¿Por qué los medios de comunicación con su capacidad de alcanzar
a millones de personas se rehúsan a presentar la realidad de las innumerables vidas que han sido transformadas para bien por Jesucristo? ¿Por
qué los promotores del gnosticismo argumentan contra las montañas
de evidencia irrefutable que prueban que las Escrituras contenidas en
las páginas de la Biblia son precisas? ¿Por qué los líderes religiosos en el
tiempo de Jesús hicieron todo lo que pudieron para evitar que saliera
la verdad acerca de Él? ¿Y por qué tantos a través de la historia tratan
de impedir que otros conozcan lo fácil que es recibir vida eterna? La
respuesta yace en el hecho de que estamos en medio de una batalla espiritual, una batalla en pos de la voluntad.

Los líderes religiosos durante ese primer siglo vieron con sus propios
ojos los milagros, las sanidades, la sabiduría, la resurrección y el cumplimiento de profecías antiguas. Sin embargo, no creyeron. ¿Por qué lo
rechazaron? No pudieron usar la evidencia, ni la lógica, ni las Escrituras,
ni ninguna falla moral de Jesús para apoyar su decisión. Lo único que les
impedía aceptar las proclamaciones de Cristo era su *voluntad*. Lo mismo
que hoy.

A medida que avanza el tiempo, el abismo entre los defensores y
los críticos de Jesucristo continuará agrandándose. Mientras los acontecimientos profetizados de los *últimos días* se desplieguen delante de
nosotros, la gente ya no podrá ignorar al Hombre de Nazaret y permanecer al margen. A pesar de que hay algunos que creen que es preferible
quedarse neutrales si pudieran y solo seguir con sus vidas cotidianas
como les parezca, esa realmente no es una opción, sobre todo una vez
que uno se da cuenta de que estamos en medio de una batalla. Si la vida
es una preparación para la eternidad, y solo hay dos opciones disponibles

en cuanto a dónde se pasará esa eternidad, entonces hay que tomar una decisión en algún momento. Evitar una decisión con relación a Cristo es decidir en contra suya.

Desamparado por Dios

En el día de la crucifixión, hubo un periodo entre el mediodía y las tres de la tarde en el que el cielo se oscureció. Fue en ese momento que Jesús clamó desde la cruz:

> Y desde la hora sexta hubo tinieblas sobre toda la tierra hasta la hora novena. Cerca de la hora novena, Jesús clamó a gran voz, diciendo: Elí, Elí, ¿lama sabactani? Esto es: Dios mío, Dios mío, ¿por qué me has desamparado? (Mateo 27.45-46).

Algunos eruditos han sugerido que fue en ese período de tres horas que los pecados del mundo —pasados, presentes, futuros— fueron puestos sobre Jesús. Cada pecado que alguien había cometido hasta ese momento, además de todos los pecados que se cometerían en el futuro, incluyendo los de personas que todavía no habían nacido, fueron puestos sobre Él. Y Él pagó por todos ellos con su vida perfecta. Lo que esto significa es que todos los que han vivido, están viviendo o vivirán en este planeta tienen un perdón completamente pagado a nombre suyo. Y ese perdón se ofrece libremente a todos los que lo acepten. Pero, como cualquier perdón terrenal, no entrará en efecto ni será válido hasta que sea aceptado.

Pero ¿por qué creyó Jesús que el Padre lo había desamparado mientras estaba en la cruz? Fue porque estaba sintiendo los efectos del pecado por primera vez en su existencia. Jesús no tenía pecado y, por lo tanto, nunca había perdido la comunión con su santo Padre. Pero para convertirse en el sacrificio por nuestros pecados, tuvo que cargar los pecados de todos nosotros.

> Al que no conoció pecado, por nosotros lo hizo pecado, para que nosotros fuésemos hechos justicia de Dios en él (2 Corintios 5.21).

Una cuestión de decisión

Muchos que confrontan la posibilidad de elegir entre el cielo y el infierno se han preguntado cómo un Dios amoroso podría enviar a alguien al infierno. En realidad, Dios no es el que decide. Aquellos que terminan en el infierno van allí por decisión propia. Permítame explicar...

Contrariamente a la creencia atea de que todo termina en el momento de la muerte, la Biblia deja en claro que *todos* serán resucitados después de morir. Pero ¿a dónde irán todos? Para aquellos que han aceptado el perdón de Jesús por sus pecados, está el cielo. Esta gente podrá disfrutar estar en la presencia de su Creador por toda la eternidad porque sus pecados han sido borrados... *será como si nunca hubieran pecado.*

No basta con intentar con muchas más ganas ser buenos para entrar al cielo. Todos necesitamos que nuestros pecados sean borrados, no importa cuán grandes o pequeños sean, porque en el cielo no hay pecado.

Solamente piense: no hay crimen, no hay asesinatos, no hay mentiras, no hay dolor ni hay lágrimas.[21]

Sin embargo, aquellos que mueren sin aceptar este perdón gratuito estarán ante Cristo en el juicio final *¡con sus pecados aún intactos!* Recuerde, cuando Adán y Eva pecaron, de inmediato trataron de esconderse de Dios… parecido a cuando nos portábamos mal de niños e instintivamente tratábamos de escondernos de nuestros padres. Y así como Adán y Eva en el huerto, esas personas no podrán soportar estar en su presencia por dos segundos, y ni hablemos de una eternidad en el cielo. Como resultado, decidirán pasar su eternidad solos, separados de Dios.

Pongamos todo junto

> Le respondió Simón Pedro: Señor, ¿a quién iremos? Tú tienes palabras de vida eterna. Y nosotros hemos creído y conocemos que tú eres el Cristo, el Hijo del Dios viviente (Juan 6.68-69).

La mayoría de la gente sabe —o por lo menos espera— por instinto, que la vida sea más que esta presente. Jesús, como Hijo de Dios, es la única persona que ha vivido que está verdaderamente calificado para ofrecerle al mundo vida eterna. Nadie en sus cabales pasaría por alto la oferta de compartir las bendiciones del cielo.

Los ateos han usado la inteligencia que Dios les ha dado para idear razones y excusas para no creer en Él. Sin embargo, a fin de cuentas, ellos no tienen nada que ofrecer. El islam ofrece una visión pervertida del cielo que atrae principalmente a los hombres que solo piensan en sí mismos.

La religión hindú declara que todos los caminos, no importa cuán contradictorios, conducen a Dios. A esos seguidores del hinduismo siempre les sugiero que escojan a Jesús, ya que dicen que todos los caminos aparentemente son válidos de cualquier modo.

El Dios creador judeocristiano, mediante Jesucristo, ofrece paz y felicidad más allá de lo que uno puede comprender por siempre jamás, tanto a los hombres como a las mujeres: vida eterna en el cielo, lo que es el deseo de todo corazón humano.

> Porque de tal manera amó Dios al mundo, que ha dado
> a su Hijo unigénito, para que todo aquel que en él cree,
> no se pierda, mas tenga vida eterna (Juan 3.16).

El reconocido escritor C. S. Lewis, autor de la serie *Las Crónicas de Narnia* y estimado miembro de la facultad de Oxford, pasó de ser un agnóstico casi ateo a un fervoroso creyente en Jesús a los treinta años de edad, después de estudiar la vida de Cristo. Él concluyó que solo había tres posiciones que una persona podía adoptar con respecto a Jesús: Que era *un mentiroso* (pero los mentirosos no brindan la sabiduría más grande del mundo ni presentan un ejemplo de vida santa); *un loco* (pero los locos no promueven las enseñanzas más sublimes jamás inmortalizadas por escrito); o... *el Hijo de Dios* (lo que exactamente decía ser).[22] ¿Cuál descripción cree usted que tiene más sentido?

La fascinación por Jesús ha tenido un gran auge desde hace ya dos mil años y no muestra señales de disminución. Con cada día que pasa continuarán existiendo aquellos que lo aman y los que lo odian. Habrá los que desean conocer la verdad y aquellos que desean distorsionarla. Y habrá quienes decidan aceptar su don gratuito de vida eterna y aquellos que decidan rechazarlo.

La batalla continúa...

EPÍLOGO

A estas alturas, usted debe ser capaz de ver por qué el mundo ha estado fascinado con Jesucristo durante dos mil años. La pregunta es: ¿puede usted creer en un Salvador como Él? ¿Ha puesto su destino eterno en las manos suyas llamándolo para que perdone sus pecados y salve su alma? Jesús dijo: «De cierto, de cierto os digo: El que cree en mí, tiene vida eterna» (Juan 6.47). La decisión es suya. Recuerde, es una decisión que durará para siempre. Si nunca la ha tomado, le insto a que considere hacer hoy la siguiente oración:

Querido Dios, creo que Jesucristo es tu Hijo y que murió por mis pecados y por los de todo el mundo. Creo que fue sepultado y que al tercer día resucitó de entre los muertos. Hoy, confieso que soy un pecador y te invito a que entres en mi vida para limpiarme y salvarme como lo prometiste. Te entrego mi vida para que la guardes. Amén.

NOTAS

Capítulo 1: ¿Por qué Jesús?

1 B. A. Robinson "Religions on the World: Number of Adherents; Growth Rates" [Las religiones en el mundo: Cantidad de seguidores; tasa de crecimiento], Ontario Consultants on Religious Tolerance, http://www.religioustolerance.org/worldrel.htm (acceso obtenido 18 marzo 2009).

2 *Encyclopaedia Britannica*, 2007 ed., s.v. "Plato".

3 Hechos 6.8—7.60.

4 H. G. Wells, *The Outline of History* [El bosquejo de la historia], (Garden City, NY: Garden City Publishing Co., 1920), pp. 493-534.

5 *Encyclopaedia Britannica*, 2007 ed., s.v. "Bill Clinton".

6 Mark Twain, *The Innocents Abroad* [Los inocentes en el extranjero], (Nueva York: Signet Classics, 1980), p. 385.

7 "The Innocents Abroad," Wikipedia, http://en.wikipedia.org/wiki/The_Innocents_Abroad (acceso obtenido 18 marzo 2009).

8 Time Archive, *Time*, http://www.time.com/time/coversearch.

9 Ibid.

10 David Mehegan, "Thriller Instinct" [Instinto emocionante], *Boston Globe*, 8 mayo 2004.

11 "Movies: The Da Vinci Code", Box Office Mojo, http://www.boxofficemojo.com/movies/?id=davincicode.htm.

12 "Movies: The Passion of the Christ", Box Office Mojo, http://www.boxofficemojo.com/movies/?id=passionofthechrist.htm.

Capítulo 2: Jesús y su best seller

1 Russell Ash, *The Top 10 of Everything* [Los mejores 10 en todo], 1997 (Nueva York: DK, 1996), p. 112.

2 Daniel Radosh, "The Good Book Business: Why Publishers Love the Bible" [El buen libro de negocios: ¿Por qué a los editores les encanta la Biblia?], *New Yorker*, 18 diciembre 2006.

3 Josephus, *Contra Apionem* 1:42.

4 "Dead Sea Scrolls" [Los rollos del Mar Muerto], Wikipedia, http://en.wikipedia.org/wiki/Dead_ Sea_Scrolls (acceso obtenido 18 marzo 2009).

5 Randall Price, *Searching for the Original Bible* [En la búsqueda de la Biblia original], (Eugene, OR: Harvest House, 2007), p. 57.

6 Ibid., pp. 62-65.

7 Gleason Archer Jr., *A Survey of Old Testament Introduction* [Estudio de la introducción al Antiguo Testamento], (Chicago: Moody, 1974), p. 25.

8 Norman Geisler, *False Gods of Our Time* [Los dioses falsos de nuestro tiempo], (Eugene, OR: Harvest House, 1985), p. 129.

9 Frederick F. Bruce, *The New Testament Documents: Are They Reliable?* [Los documentos del Nuevo Testamento: ¿Son fidedignos?] (Downers Grove, IL: InterVarsity Press, 1960), p. 15.

10 Clark Pinnock, citado en la obra de Josh McDowell, *Skeptics Who Demanded a Verdict* [Escépticos que exigieron un veredicto], (Wheaton, IL: Tyndale House, 1989), p. 84.

11 Price, *The Original Bible* [La Biblia original], pp. 143-144.

12 Ibid., p. 154.

13 "Higher Criticism", Wikipedia, http://en.wikipedia.org/wiki/Higher_criticism (acceso obtenido 18 marzo 2009).

14 "David Strauss", Wikipedia, http://en.wikipedia.org/wiki/David_Friedrich_Strauss (acceso obtenido 18 marzo 2009).

15 William Ramsay, *St. Paul the Traveler and the Roman Citizen* [San Pablo el viajero y el ciudadano romano] (Grand Rapids, MI: Baker, 1949), p. 8.

16 Geisler, *False Gods of Our Time* [Los dioses falsos de nuestro tiempo], pp. 134-135.

17 Millar F. Burrows, *What Mean These Stones?* [¿Qué significan estas piedras?], (New Haven, CT: American Schools of Oriental Research, 1941), p. 1.

18 Randall Price, *The Stones Cry Out* [Las piedras gritan], (Eugene, OR: Harvest House, 1997), p. 25.

19 Nelson Glueck, *Rivers in the Desert* [Ríos en el desierto], (New York: Farrar, Strauss, & Cudahy, 1959), p. 136.

20 Price, *The Original Bible* [La Biblia original], p. 28.

21 Daniel B. Wallace, "The Gospel according to Bart" [El evangelio según Bart], Biblical Studies Foundation, http://www.bible.org/page.php?page_id=4000.

22 Neely Tucker, "The Book of Bart: In the Bestseller *Misquoting Jesus,* Agnostic Author Bart Ehrman Picks Apart the Gospels That Made a Disbeliever Out of Him" [El libro de Bart: En el éxito de librería Jesús no dijo eso, el autor agnóstico Bart Ehrman critica duramente los evangelios que le convirtieron en un no creyente], *Washington Post,* 5 marzo 2006.

23 Sara James, "The Mystery of the Jesus Papers" [El misterio de las cartas privadas Jesús], *Dateline NBC,* 2 abril 2006. También Lester Holt, *The Today Show,* NBC, 28 marzo 2006.

24 Associated Press, "Excerpts from the Da Vinci Code Lawsuit" [Extractos de la demanda del Código de Da Vinci], *USA Today*, 7 abril 2006.

25 James, "The Mystery of the Jesus Papers" [El misterio de las cartas privadas de Jesús].

26 Para dos de estos ejemplos, léase Craig A. Evans, *Fabricating Jesus* [Falsificando a Jesús] (Downers Grove, IL: InterVarsity Press, 2006), pp. 208-217. También Wallace, "The Gospel according to Bart" [El evangelio según Bart].

27 Price, *The Original Bible* [La Biblia original], p. 14.

28 Evans, *Fabricating Jesus* [Falsificando a Jesús], p. 204.

29 Price, *The Original Bible* [La Biblia original], p. 29.

30 G. K. Chesterton, "The Oracle of the Dog" [El oráculo del perro], *Nash's Magazine*, diciembre 1923.

Capítulo 3: Todas las señales apuntan hacia Él

1   "Blavatsky Net: Theosophy", Blavatsky New Foundation, http://www.blavatsky.net.

2   "Nostradamus", Nostradamus.org, http://www.nostradamus.org/bio.php

3   "When was Daniel Written?" [¿Cuándo se escribió Daniel?], Spiritual Technology, http://www.harvardhouse.com/Daniel_date-written.htm (acceso obtenido 13 abril 2009).

4   Theodor H. Gaster, *The Dead Sea Scriptures* [Las Escrituras del Mar Muerto], (Garden City, NY: Doubleday, 1956).

5   R. K. Harrison, *Biblical Criticism: Historical, Literary, and Textual* [Crítica bíblica: histórica, literaria y textual], (Grand Rapids, MI: Zondervan, 1978).

6   Michael D. Lemonick, "Are the Bible's Stories True?" [¿Son ciertas las historias de la Biblia?], *Time*, 18 diciembre 1995, p. 67.

7   Ibid.

8 Alfred Edersheim, The Life and Times of Jesus the Messiah [La vida y tiempos de Jesús el Mesías], (New York: Randolph, 1883), citado en la obra de Tim LaHaye, *Why Believe in Jesus?* [¿Por qué creer en Jesús?], (Eugene: Harvest House, 2004), p. 178.

9 Mateo 24.29-31; Marcos 13.24-27; Lucas 21.25-28; Apocalipsis 19.11-21.

10 Lucas 24.13-32.

11 Peter Stoner, *Science Speaks: Scientific Proof of the Accuracy of Prophecy and the Bible* [La ciencia habla: Prueba científica de la veracidad de la profecía y la Biblia], (Chicago: Moody Press, 1963), pp. 109-110.

Capítulo 4: ¿Quién más puede hacer estas cosas?

1 Véanse también Marcos 6.30-44; Lucas 9.10-17; Juan 6.1-14.

2 Mateo 15.32-38; Marcos 8.1-9.

3 Isaías 14.12-15; Apocalipsis 12.7-9.

4 Para un ejemplo reciente completamente documentado véase la obra de Richard E. Gallagher, "A Case of Demonic Possession" [Un caso de posesión demoníaca], *New Oxford Review* 75, no.2 (marzo 2008).

5 Dave Hunt, *The Occult Invasion* [La invasión oculta] (Eugene, OR: Harvest House, 1998). Véase todo el capítulo 10: "Drugs, Imagination and the Occult" [Las drogas, la imaginación y lo oculto]. Véase también la obra de David Stern *The Jewish New Testament Commentary* [Comentario judío del Nuevo Testamento], (Clarksville: Messianic Jewish Resources International, 1992), Apocalipsis 9.21.

6 No hay ejemplos de la restauración de la vista en el Antiguo Testamento. Esta habilidad es un atributo singular del Mesías. Véase Isaías 29.18, 35.5, 42.7, 42.16. También Lucas 4.18.

7 Oliver Sacks, *An Anthropologist on Mars* [Un antropólogo en Marte], (New York: Alfred A. Knopf, 1995), pp. 108-152. Ver también *At First Sight* [A primera vista], dirigida por Irwin Winkler, (Hollywood, CA: MGM, 1999).

8   Russell Grigg, "Walking Trees: Modern Science Helps Us Understand a Puzzling Miracle" [Árboles andantes: La ciencia moderna nos ayuda a entender un milagro enigmático], *Creation* 21 n°. 4, (septiembre 1999): pp. 54-55.

9   "David Hume", Wikipedia, http://en.wikipedia.org/wiki/David_Hume (acceso obtenido 18 marzo 2009).

10 Steven Waldman, "Separating 'Diamonds' from 'the Dunghill': The Fascinating History of the 'Jefferson Bible'" [Separando los «diamantes» del «muladar»: La fascinante historia de la Biblia Jefferson], Beliefnet, http://www.beliefnet.com/story/230/story_23039_1.html.

11 Peter Jennings, "The Search for Jesus" [En la búsqueda de Jesús], *ABC News*, 26 junio 2000, es uno de esos ejemplos.

12 "The Jesus Seminar" [El Seminario Jesús], *Westar Institute*, http://www. westarinstitute.org/ Seminars/seminars.html (acceso obtenido 13 abril 2009).

13 Robert W. Funk and Roy W. Hoover, *The Five Gospels: The Search for the Authentic Words of Jesus* [Los cinco evangelios: La búsqueda de las palabras auténticas de Jesús], (Nueva York: Macmillan, 1993).

14 Robert W. Funk, *The Acts of Jesus: The Search for the Authentic Deeds of Jesus* [Los hechos de Jesús: La búsqueda de las obras auténticas de Jesús], (San Francisco: HarperSanFrancisco, 1998).

Capítulo 5: El Profeta más grande

1   Grant R. Jeffrey, *Heaven: The Last Frontier* [La última frontera] (Toronto: Frontier Research Publications, 1990), p. 76.

2   Ibid., pp. 76-79.

3   Mateo 3.1-12; Marcos 1.2-8; Lucas 3.1-20; Juan 1.19-28.

4   Véanse también Mateo 3.13-17; Marcos 1.9-11; Lucas 3.21-22.

5   Josephus, *War of the Jews* [La guerra de los judíos], vol. 7, 1.1.

6   Josephus, *War of the Jews* [La guerra de los judíos], vol. 6, 9.3.

7   Eusebius, *Church History* [Historia de la iglesia], vol. 3, 5:3.

8 "Religions of the World" [Las religiones del mundo], http://www. religioustolerance.org/worldrel.htm.

9 Apocalipsis 13.16-18.

10 Apocalipsis 14.9-11.

11 Apocalipsis 20.4.

12 Apocalipsis 6.8; Apocalipsis 9.15-18; Apocalipsis 20.4; millones de muertes adicionales ocurrirán como resultado de los juicios restantes, sumando un total de aproximadamente tres cuartas partes de la población mundial.

13 Mateo 24; Marcos 13; Lucas 21.

14 Véanse Mateo 24.34; Marcos 13.30.

Capítulo 6: Todos saben que resucitó

1 Wilbur M. Smith, *Therefore, Stand* [Por lo tanto, ponte de pie], (Boston: W. A. Wilde Co., 1945), pp. 346-347.

2 Hugh J. Schonfield, *The Passover Plot* [La conspiración de la Pascua], (New York: Bantam Books, 1967).

3 Véase también *The Passover Plot* [La conspiración de la Pascua], dirigida por Michael Campus, Atlas Film Corporation, 1976.

4 Schonfield, *The Passover Plot* [La conspiración de la Pascua], p. 163.

5 Michael Baigent, *The Jesus Papers: Exposing the Greatest Cover-Up in History* (San Francisco: HarperSanFrancisco, 2006), pp. 128-129 [*Las cartas privadas de Jesús: Últimas investigaciones y documentos reveladores sobre la muerte de Cristo* (Nueva York, Editorial Rayo, un sello de Harper Collins, 2007)].

6 Ibid., p. 123.

7 James D. Tabor, *The Jesus Dynasty* [La dinastía de Jesús] (Nueva York: Simon & Schuster, 2006), p. 235.

8 Ibid., p. 228.

9   Josh McDowell, "Evidence for the Resurrection" [Evidencia de la resurrección], Josh McDowell Ministry, 1992, http://www.leaderu.com/everystudent/easter/articles/josh2.html.

10 E. M. Blaiklock, citado en la obra de Josh McDowell, *Skeptics Who Demanded* [Escépticos que reclamaron], p. 85.

11 Paul Althaus, *Die Wahrheit des Kirchlichen Osterglaubens* (Gutersloh, Alemania: C. Bertelsmann, 1941), p. 22.

12 Edwin M. Yamauchi, citado en la obra de McDowell, "Evidence for the Resurrection" [Evidencia para la resurrección].

13 Thomas Arnold, citado en la obra de McDowell, "Evidence for the Resurrection" [Evidencia para la resurrección].

14 Wilbur M. Smith, *The Supernaturalness of Christ* [La sobrenaturalidad de Cristo] (Boston: W. A. Wilde Co., 1940), pp. 206-207.

15 David Strauss, *The Life of Jesus, for the People* [La vida de Jesús, para la gente] (Londres: Williams and Norgate, 1879), p. 412.

16 Jennings, "The Search for Jesus" [En la búsqueda de Jesús].

17 Simon Greenleaf, *The Testimony of the Evangelists: Examined by the Rules of Evidence Administered in Courts of Justice* [El testimonio de los evangelistas: Examinado por las Reglas de Evidencia administradas por las cortes de justicia] (Grand Rapids, MI: Baker, 1965), p. 29.

Capítulo 7: Fíjese cómo ama

1   Tanya Eiserer, Scott Farwell, y Scott Goldstein, "Lewisville Cab Driver Had Been Investigated for Previous Abuse" [El taxista de Lewisville había sido investigado por abusos previos], *Dallas Morning News*, 9 enero 2008.

2   Wendy Hundley, "Lewisville Cabdriver Sought in Slayings of 2 Teen Daughters" [Taxista de Lewisville es buscado por los asesinatos de dos hijas adolescentes], *Dallas Morning News*, 2 enero 2008.

3 Eiserer, Farwell, y Goldstein, "Lewisville Cab Driver Had Been Investigated" [El taxista de Lewisville había sido investigado por abusos previos].

4 Tanya Eiserer, "Slain Lewisville Sisters Mourned at Christian, Muslim Services" [Se celebran servicios de duelo cristianos y musulmanes por el asesinato de las hermanas de Lewisville], *Dallas Morning News*, 6 enero 2008.

5 Eiserer, Farwell, y Goldstein, "Lewisville Cab Driver Had Been Investigated" [El taxista de Lewisville había sido investigado por abusos previos].

6 Ibid.

7 Ibid.

8 John Walsh, *America's Most Wanted*, Fox Television, 5 enero 2008.

9 Bud Gillett, "Family of Slain Sisters Wants Father to Come Forth" [La familia de las hermanas asesinadas desean que el padre se entregue], *CBS News*, 5 enero 2008.

10 Eiserer, Farwell, y Goldstein, "Lewisville Cab Driver Had Been Investigated" [El taxista de Lewisville había sido investigado por abusos previos].

11 Cinnamon Stillwell, "Honor Killings: When the Ancient and the Modern Collide" [Asesinatos de honor: Cuando colisiona lo antiguo y lo moderno], *San Francisco Chronicle*, 23 enero 2008.

12 Hillary Mayell, "Thousands of Women Killed for Family 'Honor'" [Miles de mujeres asesinadas por el «honor» de la familia], *National Geographic News*, 12 febrero 2002.

13 Stillwell, "Honor Killings" [Asesinatos de honor].

14 Surah 2:282.

15 Hassan M. Fattah, "Saudi Arabia Debates Women's Right to Drive" [Se debate en Arabia Saudita el derecho de manejar de las mujeres], *New York Times*, 28 septiembre 2007.

16 Surah 4:11.

17 Lisa Beyer, "The Women of Islam" [Las mujeres del Islam], *Time*, 25 noviembre 2001.

18 Joseph Farah, "IslamicTerror.com?", *WorldNetDaily*, 13 noviembre 2001, http://www.worldnetdaily.com/index.php?fa=PAGE.view&page Id=11651

19 Cal Thomas, "Surrender!" [¡Ríndase!] *Salem Web Network*, 8 julio 2008, http://townhall.com/columnists/CalThomas/2008/07/08/ Surrender!

20 Ibid.

21 Charles Albert Savage, *The Athenian Family: A Sociological and Legal Study* [La familia ateniense: Un estudio sociológico y legal] (Baltimore: Johns Hopkins Press, 1907), p. 29.

22 H. D. F. Kitto, *The Greeks* [Los griegos] (Chicago: Aldine Publishing, 1964), p. 231.

23 Aristotle *Politics* [Política], vol. 1, 1260, citado en la obra de Alvin J. Schmidt, *How Christianity Changed the World* [Cómo el cristianismo cambió el mundo] (Grand Rapids: Zondervan, 2004), p. 99.

24 John Boswell, *The Kindness of Strangers* [La bondad de los extraños] (Nueva York: Pantheon Books, 1988), p. 4.

25 John P. Balsdon, *Roman Women: Their History and Habits* [Mujeres romanas: Su historia y sus costumbres] (Nueva York: John Day, 1963), p. 276.

26 Rudolph Sohm, *The Institutes of Roman Law* [Los institutos de la ley romana], trans. James C. Ledlie (Oxford: Clarendon Press, 1892), p. 365.

27 Ibid., p. 389.

28 L. F. Cervantes, *New Catholic Encyclopedia* [Nueva Enciclopedia Católica], vol. 14 (Nueva York: McGraw-Hill, 1967), s.v. "Woman".

29 Talmud, Sotah 3.4.

30 Schmidt, *How Christianity Changed the World* [Cómo cambió el cristianismo al mundo], p. 108.

31 Ibid., p. 107.

32 Génesis 1.27.

33 William C. Morey, *Outlines of Roman Law* [Bosquejos de la ley romana] (Nueva York: Putnam & Sons, 1894), p. 150.

34 Génesis 2.21-24.

35 Véase la publicación mormona Doctrine and Covenants [Doctrina y pactos], sección 132; dada a Joseph Smith por «revelación divina» en Nauvoo, Illinois, 12 julio 1843.

36 James Brooke, "Utah Struggles with Revival of Polygamy" [La lucha de Utah contra el resurgimiento de la poligamia], *New York Times*, 23 agosto 1998.

37 Ibn Warraq, "Virgins? What Virgins?" [¿Vírgenes? ¿Cuáles Vírgenes?] *The Guardian*, 12 enero 2002.

Capítulo 8: Todavía no saben lo que hacen

1 "Nag Hammadi Library", Wikipedia, http://en.wikipedia.org/wiki/Nag_Hammadi_library (acceso obtenido 18 marzo 2009).

2 "Elaine Pagels", Wikipedia, http://en.wikipedia.org/wiki/Elaine_Pagels (acceso obtenido 18 marzo 2009).

3 Mark C. Henrie, ed., "The Fifty Worst (and Best) Books of the Century" [Los cincuenta peores (y mejores) libros del siglo], *The Intercollegiate Review* 35, n°.1 (otoño 1999): p. 6.

4 Damian Thompson, "How Da Vinci Code Tapped Pseudo-Fact Hunger", *Telegraph*, 13 de enero 2008.

5 Dan Brown, *The DaVinci Code* (New York: Doubleday, 2003), pp. 253-254 [*El Código DaVinci*, (Ediciones Urano, 2004)].

6 Jennings, "The Search for Jesus" [En la búsqueda de Jesús].

7 Ibid.

8 Mehegan, "Thriller Instinct" [Instinto emocionante].

9 "Elaine Pagels", Wikipedia.

10 Mehegan, "Thriller Instinct" [Instinto emocionante].

11 James, "The Mystery of The Jesus Papers" [El misterio de las cartas privadas de Jesús].

12 "Movies: The Da Vinci Code" [Películas: El código Da Vinci], Box Office Mojo.

13 "The Da Vinci Code" [El código Da Vinci], Sony Pictures, http://sonypictures.com/homevideo/thedavincicode/index.html.

14 Helmut Koester, *Ancient Christian Gospels: Their History and Development* [Evangelios cristianos antiguos: Su historia y desarrollo] (Philadelphia: Trinity Press International, 1990), pp. 84-85.

15 Craig A. Evans, "Refuting the New Controversial Theories About Jesus" [Cómo refutar las nuevas teorías controversiales sobre Jesús], Programa #3, *The John Ankerberg Show*: (Chattanooga: Ankerberg Theological Research Institute, 2006).

16 Para un relato verosímil del conflicto entre el anciano apóstol Juan y el promotor gnóstico Cerinto que levantó una escuela de gnosticismo en Éfeso que al final fracasó, vea el libro del autor escrito conjuntamente con Jerry B. Jenkins titulado *John's Story: The Last Eyewitness* [La historia de Juan: El último testigo] (Nueva York: Penguin Group, 2006), capítulos 3 y 4.

17 Brown, *The DaVinci Code*, p. 231 [*El Código DaVinci*, (Ediciones Urano, 2004)].

18 Elaine Pagels, *Beyond Believe: The Secret Gospel of Thomas* (New York: Random House, 2003), p. 75 [*Más allá de la fe: El evangelio secreto de Tomás* (Barcelona: Editorial Crítica, Grupo Planeta, 2005)].

19 n 20.3-8.

20 Kurt Rudolph, *Gnosis: The Nature and History of Gnosticism* [Gnosis: La naturaleza e historia del gnosticismo] (Edinburgh: T&T Clark, 1983), pp. 57-59.

21 "Gospel of Thomas," [Evangelio de Tomás] Wikipedia, http://en.wikipedia.org/wiki/Gospel_of_Thomas (acceso obtenido 13 abril 2009).

22 Craig A. Evans, *Fabricating Jesus* [Falsificando a Jesús] (Downers Grove, IL: InterVarsity Press, 2006), pp. 71-77.

23 Stephen J. Patterson, James M. Robinson, y Hans-Gebhard Bethge, *The Fifth Gospel* [El quinto evangelio] (Harrisburg: Trinity Press International, 1998).

24 Ibid.

25 Ibid.

26 Ibid.

27 Ibid.

28 Darrell L. Bock, "What About the Missing Gospels?" [¿Y qué de los evangelios perdidos?] Programa #2, *The John Ankerberg Show*: (Chattanooga: Ankerberg Theological Research Institute, 2006).

29 M. P. Nilsson, *Opuscula Selecta: Linguis Anglica, Francogallica, Germanica Conscripta*, vol. 3 (Lund: CWK Gleerup, 1960), p. 346.

30 Elaine Pagels, *Los evangelios gnósticos* (Barcelona: Editorial Crítica, 1982), p. xxxi.

31 Walter Bauer, *Orthodoxy and Heresy in Earliest Christianity* [Ortodoxia y herejía en los comienzos del cristianismo] (Londres: SCM Press, 1964), p. xxi.

32 Helmut Koester, "The Origin and Nature of Diversification in the History of Early Christianity" [El origen y la naturaleza de la diversificación en la historia de los comienzos del cristianismo], *Harvard Theological Review*, (1965): p. 114.

33 Hans-Dietrich Altendorf, "Zum Stichwort: Rechtglabigkeit und Ketzerei im altesten Christentum", *Zeitschrift fur Kirchengeschichte*, 1969, p. 64.

34 Simone Pétrement, A *Separate God: The Origins and Teachings of Gnosticism* [Un Dios separado: Los orígenes y enseñanzas del gnosticismo] (San Francisco: HarperSanFrancisco, 1984), citado en la obra de Bock, *The Missing Gospels*, (Nashville: Thomas Nelson, 2006), p. 28.

35 James M. Robinson, ed., "The Gospel of Philip" [El evangelio de Felipe] # 134, en *The Nag Hammadi Library* (San Francisco: HarperCollins, 1990).

36 Ibid., # 105.

37 James M. Robinson, ed., "The Apocryphon of John" [El libro apócrifo de Juan] en *The Nag Hammadi Library* (San Francisco: HarperCollins, 1990), # 5.

38 Ibid., # 10.

39 Ibid., # 18.

40 James M. Robinson, ed., "The Apocalypse of Peter" [El apocalipsis de Pedro] en *The Coptic Gnostic Library: A Complete Edition of the Nag Hammadi Codices* [Biblioteca gnóstica copta: Edición completa de los manuscritos de Nag Hammadi] (Leiden, Los Países Bajos: Brill, 2000), 4:241-243.

41 Robinson, "The Apocryphon of John" [El libro apócrifo de Juan], # 3.

42 James M. Robinson, ed., "The Sophia of Jesus Christ" [La Sofía de Jesucristo] en *The Nag Hammadi Library* [Biblioteca Nag Hammadi] (San Francisco: HarperCollins, 1990).

43 Baigent, *The Jesus Papers* [Las cartas privadas de Jesús], p. 88.

44 Associated Press, "Basic Instinct Director Paul Verhoeven: Jesus Was Son of Mary and Roman Rapist" [Instinto básico del director Paul Verhoeven: Jesús era hijo de María y un violador romano], *Fox News*, 23 abril 2008.

45 Robinson, "The Apocryphon of John" [El libro apócrifo de Juan], # 20.

46 Price, *The Original Bible* [La Biblia original], pp. 183-185.

47 Ireneo *Against Heresies* [Contra las herejías], 1:31-1.

48 Herbert Krosney y Bart D. Ehrman, *The Lost Gospel of Judas Isacariot: A New Look at Betrayer and Betrayed* (Oxford: University Press, 2006), p. 180 [*El Evangelio Perdido: La Búsqueda para el Evangelio de Judas Iscariote* (National Geographic: 2006)].

49 Pagels, *Beyond Belief* [Más allá de la fe], citado en la obra de Baigent, *The Jesus Papers* [Las cartas privadas de Jesús], p. 84.

Capítulo 9: Ahora, como siempre, Jesús cambia vidas

1   Romanos 1.16.

2   Robert S. Hogg, et al., "Modelling the Impact of HIV Disease on Mortality in Gay and Bisexual Men" [Modelo del impacto de la enfermedad del VIH en la mortalidad de los hombres homosexuales y bisexuales], *International Journal of Epidemiology* 26, n°.3, (1997): p. 657.

3   Paul L. Tan, *Encyclopedia of 7700 Illustrations* (Garland: Bible Communications, 1979), p. 174, citado en la obra de D. James Kennedy y Jerry Newcombe, *What if Jesus Had Never Been Born?* [¿Y qué si Jesús no hubiera nacido?] (Nashville: Caribe Betania Editores, Thomas Nelson, 1997), p. 189.

4   Jeb Stuart Magruder, *An American Life: One Man's Road to Watergate* [Una vida americana: El camino de un hombre a Watergate], (Nueva York: Atheneum, 1974), p. 69.

5   Kennedy, *What if Jesus Had Never Been Born?* [¿Y qué si Jesús no hubiera nacido?], p. 199.

Capítulo 10: ¿Quién dice usted que soy yo?

1   David Brickner, *Future Hope* [Esperanza futura] (Chicago: Moody Publishers, 2002), p. 73.

2   "Battle of Megiddo" [Batalla de Meguido], Wikipedia, http://en.wikipedia.org/wiki/Battle_of_Megiddo_%2815th_century_BC%29 (acceso obtenido 18 marzo 2009).

3   Apocalipsis 16.16.

4   Mateo 24.21-30; Marcos 13.19-26; Lucas 21.25-28.

5   Apocalipsis 20.4.

6   Walter H. Bidwell, *The Eclectic Magazine of Foreign Literature, Science, and Art*, vol. 7 (Nueva York: Leavitt, Trow & Co., 1868), p. 770.

7   "Religious Affiliation of the Founding Fathers of the United States of America" [La afiliación religiosa de los padres fundadores de los Estados Unidos de América], Adherents.com, http://www.adherents.com/gov/ Founding_ Fathers_Religion.html (acceso obtenido 18 marzo 2009).

8   Jennifer Tomase, "The Tale of John Harvard's Surviving Book" [El relato del libro de supervivencia de John Harvard], *Harvard University Gazette Online*, 1 noviembre 2007, http://www.news.harvard.edu/ gazette/2007/11.01/13-johnharvard.html.

9   Prensa Asociada, "Harvard to Investigate Origins of Life" [Harvard investiga los orígenes de la vida] *Washington Times*, 15 agosto 2005.

10 John Adams, *The Works of John Adams, Second President of the United States* [Las obras de John Adams, segundo presidente de Estados Unidos], vol. 3, ed. Charles F. Adams (Boston: Little, Brown, and Co., 1856), p. 421. Anotación en el diario para el día 26 julio 1796.

11 John Quincy Adams, *An Oration Delivered Before the Inhabitants of the Town of Newburyport at Their Request on the 61st Anniversary of the Declaration of Independence, July 4, 1837* [Un discurso dictado ante los habitantes del pueblo de Newburyport por petición de ellos en el sexagésimo primer aniversario de la Declaración de la Independencia, 4 de julio de 1837] (Newburyport: Charles Whipple, 1837), pp. 5-6.

12 Benjamin Rush, *Letters of Benjamin Rush* [Cartas de Benjamín Rush], vol. 1, ed. L. H. Butterfield (Princeton: American Philosophical Society, 1951), p. 475. Declaración realizada 9 julio 1788.

13 John Hancock, *A Proclamation for a Day of Public Thanksgiving 1791* [Proclama para un Día de Acción de gracias público], emitida como gobernador del estado de Massachusetts.

14 Elias Boudinot, *The Age of Revelation* [La era de la revelación] (Philadelphia: Asbury Dickens, 1801) xii-xiv. Declaración realizada el 30 de octubre 1782.

15 Samuel Greene Arnold, *The Life of Patrick Henry of Virginia* [La vida de Patrick Henry de Virginia] (Auburn and Buffalo: Miller, Orton, and Mulligan, 1854), pp. 249-250.

16 John Jay, *John Jay: The Winning of the Peace —Unpublished Papers 1780-1784* [John Jay: La victoria de la paz— trabajos inéditos], vol. 2, ed. Richard B. Morris (New York: Harper & Row Publishers, 1980), p. 709. Declaración realizada el 8 de abril de 1784.

17 Samuel Adams, *Life and Public Services of Samuel Adams* [La vida y servicio público de Samuel Adams], vol. 3, ed. William V. Wells (Boston: Little, Brown, and Co., 1865), p. 379. Del último testamento de Samuel Adams.

18 John Witherspoon, *The Works of John Witherspoon* [Las obras de John Witherspoon], vol. 5, (Edinburgh: J. Ogle, 1815), p. 245. Declaración realizada el 2 de enero de 1758.

19 Judas 1.3.

20 Jonathan Falwell, mensaje por e-mail al autor, 25 de julio 2008.

21 Apocalipsis 21.3-4.

22 C. S. Lewis, *Mere Christianity* (New York: MacMillan Publishing Co., 1960), pp. 40-41 [*Mero Cristianismo* (Nueva York: Editorial Rayo, un sello de Harper Collins, 2006)].

ACERCA DE LOS AUTORES

Autor, orador y ministro, el doctor Tim LaHaye ha escrito o ha sido coautor de más de sesenta libros, incluyendo la serie de gran éxito de ventas del New York Times, *Dejados atrás*. Pastor durante treinta y nueve años, no hay nada que al doctor LaHaye le guste más que hablar de Jesús. Tim LaHaye y su esposa, Beverly, residen en el sur de California. Usted puede conocer más acerca del doctor LaHaye y su obra, visitando TimLaHaye.com.

David Minasian es escritor de películas, productor y director con veinticinco años de experiencia en la industria cinematográfica. Desde 2002, ha trabajado de cerca con Tim LaHaye como coescritor e investigador. David vive con su esposa, Erin, y sus hijos en el sur de California.